우리 주님의 감정생활

개혁된실천사
기독교 고전 소책자

01 낙심하는 사람들을 위한 격려
찰스 스펄전 지음 | 조계광 옮김

02 세상 사랑을 몰아내는 새 애정의 힘
토머스 찰머스 지음 | 조계광 옮김

03 우리 주님의 감정생활
B. B. 워필드 지음 | 조계광 옮김

04 그리스도인의 자유 (근간)
마르틴 루터 지음 | 조계광 옮김

05 십자가는 무엇을 성취하였나 (근간)
J. I. 패커 지음

The Emotional Life of Our Lord
Crossway Short Classics Series
Copyright ⓒ 2022 by Crossway
Published by Crossway
a publishing ministry of Good News Publishers
Wheaton, Illinois 60187, U.S.A.

This edition published by arrangement
with Crossway through rMaeng2, Seoul, Republic of Korea.
All rights reserved.

This Korean Edition Copyright ⓒ 2023 by Reformed Practice Books,
Seoul, Republic of Korea.

이 한국어판의 저작권은 알맹2를 통하여 Crossway와 독점 계약한 개혁된실천사에 있습니다. 신 저작권법에 의해 한국 내에서 보호받는 저작물이므로 무단 전재와 무단 복제를 금합니다.

우리 주님의 감정생활

지은이	B. B. 워필드
옮긴이	조계광
초판 발행	2023. 10. 13.
등록번호	제2018-000357호
등록된 곳	서울특별시 강남구 선릉로107길 15, 202호
발행처	개혁된실천사
전화번호	02)6052-9696
이메일	mail@dailylearning.co.kr
웹사이트	www.dailylearning.co.kr

책값은 뒤표지에 있습니다.
ISBN 979-11-89697-47-1 02230

기독교 고전 소책자 **03**

우리 주님의 감정생활

The Emotional Life of Our Lord

B. B. 워필드 지음 | 조계광 옮김

싱클레어 퍼거슨 서문

개혁된실천사

목차

서문 9

시리즈 서문 19

워필드의 생애 23

우리 주님의 감정생활 27

서문

나는 열일곱 살이었던 대학 신입생 시절에 워필드의 이름을 처음 들었다. 그 후로 그의 책들은 일평생 나의 벗이 되었다. 그 이전에 내가 알고 있던 '워필드'는 월리스 워필드 심슨이 유일했다. 1936년, 그녀와 에드워드 8세의 관계로 인해 영국은 헌정 위기를 맞이했고, 에드워드 왕은 결국 그녀와 결혼하기 위해 스스로 왕위에서 물러났다. 그런 연관성 때문에 나는 워필드라는 이름을 잊을 수가 없었고, 곧 그의 책을 몇 권 구매했다.

'성경의 영감과 권위'를 다룬 워필드의 논문들은

타의 추종을 불허할 만큼 뛰어났다. 그것들은 그 주제에 관한 복음적인 고전으로 인정받았다. 그러나 그의 학식은 놀라울 정도로 깊고, 방대했기 때문에 나는 이내 그의 다른 책들에까지 관심을 기울이게 되었다. 그는 영어권에서는 당대의 독보적인 신학자였다. 더욱이 그는 학식만이 아니라 탁월한 설교의 은사까지 겸비했다(《믿음과 삶》이라는 그의 설교집은 특별한 가치를 지닌다). 그의 프린스턴 신학교 동료 교수 가운데 한 사람은 예배 중에 그의 설교를 듣고 있노라면, '그의 입에서 나오는 말들이 마치 은쟁반에 옥구슬이 구르는 듯했다면서' 그에 대한 찬사를 아끼지 않았다.

그러나 그의 책 가운데서 내게 가장 큰 인상을 남긴 책은 바로 이 책, 곧《우리 주님의 감정생활》이었다. 이 책은 그의 책들 속에 감추어진 보화와도 같은 책이다. 내가 '감추어진'이라고 말하는 이유는 이 책이 1912년에 처음 출판되었지만 열 권으로 된 그의 전집에 포함되지 않은 까닭에 그 뛰어난 진가를 인정받지 못했기 때문이다. 방금 말한 대로 이 책은 '보화'와도 같다. 우리 주님의 다양한 감정들은 그리스도인들이 쉽게 간과하는 주제다. 그로 인해 그들은 복음의 필수 요소 가운데 하나를 스스로 놓쳐 버리는 잘못을 저지른다. 우리 주님은 참된 인간이시다. 그분은 우리와 같이 되셨지만 죄는 없으시다. 워필드가 지적한 대로. 그분은 동정심은 물론, 분노를 드러낸 인간이셨고, 비애를 아는 슬픔의 사람이자 즐거움을 아는 기쁨의 사람이셨다. 그분은 때로는 놀라기도 하고, 때론 수치심을 느끼기도 하셨다.

수 세기 동안, 다른 저술가들도 제각기 나름대로 이 주제를 탐구했었다. 그러나 이 주제를 비교적 잘 다룬 책들은 대부분 읽히지 않은 상태로 신학

도서관들의 한쪽 구석을 차지하고 있을 뿐이었다. 따라서 칼빈이 자신의 복음서 주석들을 통해 이 주제를 놀라우리만큼 잘 다루었던 이후로 이 주제를 재조명해 집중적으로 탐구한 연구서를 펴낸 최초의 저명한 복음주의 학자는 워필드였다고 말할 수 있다.

이처럼, 이 책은 1912년에 새롭게 등장한 획기적인 연구서였다. 그런데도 이 책이 마땅히 받아야 할 주목을 받지 못한 이유는 워필드도 칼빈처럼 위대한 신학자라는 명성을 지니고 있었기 때문이다. 다시 말해, 그런 신학자가 그리스도를 더 잘 알기를 바라는 '평범한 그리스도인들'을 위한 책을 저술했을 리가 없을 것이라는 그릇된 통념 때문이었다. 그러나 이 책을 몇 쪽만 읽어보면 그런 오해가 일순간에 사라지고 말 것이 틀림없다.

복음적인 그리스도인들은 주로 그리스도의 신

성을 옹호하는 데 초점을 맞추었다. 워필드도 그런 노력을 기울였지만, 그는 그리스도의 인성을 탐구하지 않은 상태로 놔두지 않았다.

나는 사람들에게 "만일 우리가 믿는 예수님이 지혜가 자라가며 하나님께 더욱 사랑스러워졌던 분이 아니라면(눅 2:52 참조) 그분은 복음서의 예수님이실 수 없다."는 식의 말을 할 때면, 그들의 표정을 주의 깊게 살피곤 한다. 그렇게 말하면 어떤 사람들은 깜짝 놀라는 표정을 짓는다. 우리 주님의 인성을 사실로 받아들이지 못하는 그리스도인들이 많다. 그 때문에 그들은 그리스도께서 인간의 감정을 모두 느끼고 경험하신다는 사실을 옳게 이해하지 못한다. 그러나 히브리서가 강조하는 대로, 우리는 그런 그리스도 안에서 우리가 절실히 필요로 하는, 우리 인간성의 온전한 구원을 발견한다. 그리스도의 감정생활을 이해하지 못하면, 항상 그분이 우리에게서 멀리 떨어져 계시는 것처럼 보일 수밖에 없다.

이 책을 읽어보면, 워필드가 공손한 태도로 성경 본문을 신중하게 다루었다는 것을 인식할 수 있을 것이다. 그러나 우리가 이 책에서 얻을 수 있는 유익은 그것이 다가 아니다.

먼저 한 가지만 말하면, 이 책은 예수 그리스도를 다시금 우리의 믿음과 삶의 중심으로 삼도록 도와준다. 어떤 행위를 직접 요구하는 식의 논법은 거의 발견되지 않는다. 중요한 것은 우리의 행위가 아닌 그리스도의 실체다. 워필드는 복음의 작용 원리를 옳게 이해했다. 구체적으로 말해, 지식은 됨됨이로 귀결되고, 됨됨이는 행위로 귀결된다. 오늘날의 복음주의권위 설교와 가르침이 흔히 그러는 대로, 이 관계를 생략하거나 거꾸로 뒤집으면 변화의 동력이 상실될 수밖에 없다. 이 책은 복음서에 관한 연구서이면서 히브리서의 주제를 아울러 다룬다(히브리서는 그리스도의 인성에 관해 많은 것을 가르친다). 히브리서 저자는 "예수를 깊이 생각하라…예수를 바라보라…예수를 생각하라"(히 3:1, 12:2, 3)라고 간곡히 권유했다.

또한, 이 책은 복음서를 올바로 읽도록 도와준다. "이 이야기는 나와 무슨 관계가 있는가? 나는 이야기에 등장하는 어떤 인물과 일치하는가?"라는 한 가지 질문을 염두에 두고 복음서를 읽어야 한다고 배운 사람들이 많다. 물론, 우리는 복음서에 기록된 모든 이야기에서 우리 자신에 관한 교훈을 얻을 수 있다. 그러나 예수님은 복음서의 등장인물 모두와 관련이 있으시지만, 우리는 그들 가운데 어느 한 사람과도 직접적인 연관성이 없다. 워필드는 우리 자신에게서 눈을 돌려 예수님을 바라보도록 이끈다. 왜냐하면, 그분이 곧 이야기의 주인공이시기 때문이다. 진실로, '어제' 다른 사람들에게 나타나신 예수님은 '오늘'도 그 모습 그대로이고, 또한 '영원히' 동일하실 것이다(히 13:8). 워필드의 차분한 해설은 복음서를 올바로 읽어 다시금 주님께 초점을 맞추도록 도와준다.

여기 '우리 주님의 감정생활'이라는 귀한 책이 있다. 이 책의 마지막 내용을 읽게 될 즈음에는 그리스도께서 성경 말씀을 통해 가까이 다가오시는 듯한 느낌을 받을 수 있기를 바란다. 그렇게 된다면, 치체스터의 리처드가 드린 기도가 우리의 경험 속에서 어느 정도 응답되었다는 것을 알게 될 것이다. 리처드는 이렇게 기도했다.

저를 위해 모든 고통과 모욕을 감내하시고,
제게 많은 축복을 내려주신, 나의 주님이신 예수 그리스도께 감사드립니다.

오, 지극히 자비로운 구원자이자 친구요 형제이신 주님!
날마다 주님을 더 분명하게 알고,
더 깊이 사랑하고,
더 가까이 따르도록 도와주소서. 아멘.[1]

싱클레어 퍼거슨
리폼드 신학교 조직신학 특훈 교수

---

1. David Hugh Farmer, *The Oxford Dictionary of Saints*, 5th ed. rev. (Oxford: Oxford University Press, 2011), 379을 보라.

시리즈 서문

존 파이퍼는 언젠가 책이 아니라 단락이 사람을 변화시킨다고 썼다. 가장 위대하고 가장 강력한 기독교 메시지 중 일부는 가장 간결하고 가장 손쉽게 접근할 수 있는 형태를 띤다. 고백적 기독교의 큰 물줄기 안에는 시간을 초월하는 가치를 갖는 수많은 설교, 에세이, 강의, 그리고 짧은 글들이 포함되어 있는데, 이러한 것들은 교회사 전체에 걸쳐, 그리고 전 세계에 걸쳐 수많은 신자들에게 도전과 영감을 주고, 삶의 열매를 맺게 했다.

이 시리즈는 두 가지 목적에 기여하고자 한다.

첫째, 이들 짧은 역사적 글들을 고품질의 종이책으로 보존하고자 한다. 둘째, 이들 작품들을 새로운 세대의 독자들에게 전달하고자 한다. 우리는 두꺼운 책에 별로 흥미를 느끼지 않고, 두꺼운 책을 읽지 않을 독자들을 특히 염두에 두고 있다. 오늘날 끊임없이 움직이는 세상 속에서 무언가에 집중하는 것은 점점 더 어려워지고 있다. 이런 상황 속에서 쇼트폼 콘텐츠는 특별한 가치를 지닌다. 이 시리즈의 간결한 책들은 복음 중심적인 은혜와 진리를 기민하게 제공한다. 이 시리즈는 독자들에게 영혼의 양식이 되며, 공부 의욕을 불러일으키는 대표적인 저작들을 접근가능한 형태로 제공함으로써 위대한 신앙의 영웅들을 소개해주길 희망한다.

성령께서 이 짧은 작품들을 사용하여 여러분의 주의를 사로잡아 여러분의 영혼에 복음을 알려 주시고, 여러분이 교회사의 보물 상자를 계속해서 탐구하게 되길 기도한다. 이를 통해 그리스도 안에서 하나님이 영광과 찬송을 받으시길 빈다.

워필드의 생애

벤저민 브레큰리지 워필드(1851-1921)는 켄터키주 렉싱턴에서 부통령과 법무장관을 배출한 미국의 명문가의 아들로 태어났다. 신학을 공부하기로 결심한 워필드는 프린스턴 신학교에 진학했고, 졸업한 후에는 즉시 성경을 지성적으로 옹호하는 학자라는 명성을 얻었다.

신학적 모더니즘(자유주의 신학)이 유럽과 미국에서 영향력을 발휘하기 시작하자, 워필드는 다른 신학자들과 힘을 합쳐 성경의 신적 영감과 무오성을 명확하게 밝히려고 노력했다. 그는 성경이 자체적으로 하나님의 말씀임을 증언하고 있을 뿐 아니라 기독교 신학의 전반적인 체계가 온전히 신뢰할 만한 계시의 교리에 의존하고 있다고 주장했다. 성경의 절대성을 믿는 워필드의 견해는 당시에 막 발흥하기 시작한 자유주의 신학과 정면으로 충돌했다.

워필드의 견해는 광범위한 저술 활동과 학문 활동을 통해 더욱 확고해졌다. 그의 저술 활동과 학문 활동은 주로 성경의 본질과 내용에 초점이 맞추어졌다. 《우리 주님의 감정생활》은 견고한 학자의 사역과 개인적인 경건의 융합적 면모를 잘 보여주면서, 기독교적 삶이 성경을 온전히 신뢰하는 믿음에 근거한다는 워필드의 신념을 드러내고 있다. 그는 또한 성경의 가르침을 당시의 사회적 불의에 적용해 성경을 토대로 인종차별을 비판하기도 했다.

워필드는 1921년에 세상을 떠났다. 그는 오늘날

까지도 기독교 신학자의 표상으로 남아서 많은 복음주의 신학자들에게 영감을 주고 있다.

일러두기

이 책의 원문에는 많은 각주가 포함되어 있다. 각주는 당시 학자들의 책을 참조했거나 성경 헬라어를 설명하거나 내용을 보완한 것들이 대부분을 차지한다. 각주를 모두 포함하면 이 책의 부피는 거의 두 배로 늘어날 테지만, 그것들이 워필드의 논지를 이해하는 데 꼭 필요한 것은 아니다. 따라서 우리는 새로운 시대의 평신도 독자들이 이 고전에 쉽게 접근할 수 있도록 각주를 대부분 생략하고, 외부 자료에서 직접 인용한 내용이나 유익한 정보를 제공하는 각주만을 남겨두었다. 아울러, 워필드의 인용문은 오늘날의 기준과는 달리 온전하지 못한 경우가 많기 때문에 외부 자료에서 인용한 내용은 그 전부를 충실히 보완했다.

워필드의 원문에 포함된 각주를 모두 살펴보기를 원하는 독자들은 다음의 웹사이트를 참조하기 바란다. https://www.monergism.com/therhreshold/articles/onsite/emotionallife.html.

우리 주님의 감정생활

주님이 죄에 오염되지 않은 인간의 모든 감정을 느끼셨다는 것은 그분의 인성에 관한 진리의 영역에 속하는 문제다. 예수님이 짧은 기간의 사역을 통해 분주한 활동을 이어가면서 다양한 감정을 드러내신 사실이 복음서 저자들이 기록한 이야기들 안에 분명하게 드러나 있다. 그러나 우리 주님의 감정생활을 보편적으로 받아들일 수 있는 개념으로 형상화하는 것은 그렇게 쉬운 일이 아니다. 성육신의 신비가 혼란을 일으키는 요인으로 작용했을 뿐 아니라 인간의 영혼과 인격적으로 연합된 신성이 영혼의 활동에 미치는 영향이 다양한 방식으로 추정되었다. 타락한 존재의 감정으로 우리에게 알려진 영혼의 활동을 어디까지 완전한 인성에 적용할 수 있을지에 관한 문제에 대해서도 의견이 분분하다.

일찍이 서로 반대되는 두 견해가 교회 안에서 모습을 드러냈다. 하나는 '아파테이아(apatheia, 정념이나 욕망이 이끌리지 않는 평정 상태―역자주)'의 형태로 도덕적 완전함을 추구했던 스토아 철학의 도덕적 이상에서 유래한 견해였다. 이 견해는 이상적인 '아파테이아'를 완전한 인간이신 예수님에게 적용했다. 다른 하나는 구원자는 사람들을 그들의 연약함에서 구원해야 하기 때문에 인간의 모든 정념(pathos)을 취해 거룩하게 승화시켜야만 한다는 신념을 토대로 그분께 인간의 모든 정념을 부여하려고 시도했던 견해였다. 최근에는 이 두 견해의 토대가 되는 개념에 엄청난 변이(shift)가 생겼고, 표현도 훨씬 덜 불분명한 형식을 취하지만, 지금도 이 두 견해는 여전히 예수님에 관한 사람들의 생각에 영향을 미치고 있다. 예수님의 인격적인 존엄성을 강조하기 위해 그분의 감정적인 측면을 최소화하려는 경향과 그분의 완전한 인성을 강조하기 위해 그분의 감정적인 측면을 최대화하려는 경향이 존재한다. 전자는 예수님을 냉랭하고 초연한 존재, 곧 우리의 모든 연약함을 체휼할 것 같지 않은 존재로 제시할 위험이 있고, 후자는 그분을 우리의 가장 큰 존경을 받기 어려운, 한갓 천박한 인간으로 제시할 위험이 있다. 예수님은 이 둘 사이에서 모호하게 묘사되기 쉽기 때문에 우리의 생각 속에 뚜렷하게 형상화되기가 어렵다. 따라서 복음서의 이야기 속에 나타난 예수님의 감정 표출의 몇 가지 사례를 그분의 감정생활에 관한 개념을 형성하기 위한 출발점으로 삼는 것이 바람직할 듯하다. 그것들로부터 시작해서 논의를 전개해 나가면 예수님의 감정생활 전반에 관해 좀 더 명확하고, 확고한 개념을 형성할 수 있을 것이다.

먼저 말하지만, 복음서에 언급된 예수님의 감정들이 모두 그분이 지닌 인간의 영혼에만 적용되는 것으로 의도되었다고 예단해서는 곤란하다. 그런데 그것이 대부분의 사람들이 취하는 일반적인 관점이다. 물론 복음서의 이야기들이 우리 주님의 인간적인 경험을 극적으로 표현한 내용을 제시하고 있다고 보는 것은 부자연스러운 견해가 아니다. 이 견해의 자연스러움은 그 타당성을 충분히 입증하는 근거가 될 수 있다. 단 한 가지 명심해야 할 것이 있다면, 복음서 저자들이 예수님을 이중적 본성을 지니고 계시는 인격체로 묘사하고 있다는 점이다. 그들은 예수님의 이중적 의식을 아무런 어려움 없이 묘사했다. 구체적으로 말해, 그들은 예수님이 성부 하나님은 물론, 인간의 마음속과 자신의 활동 무대인 세상을 속속들이 알고 계시면서도 정작 자신의 사역과 매우 밀접하게 관련된 단순한 사건이 일어나는 시기는 알지 못하셨다고 말한다. 또한, "나로 말미암지 않고는 아버지께로 올 자가 없느니라"(요 14:6)라는 말씀을 통해 짐작할 수 있는 대로, 그들은 예수님과의 관계를 통해 모든 사람의 운명이 결정된다는 점에서 그분을 만민의 주님으로 선언했지만, 그와 동시에 그분을 마음이 온유하고 겸손하신 분으로 묘사하기도 했다. 어떤 존재의 주관적인 삶을 의식의 두 가지 중심에 초점을 맞춰 묘사할 때는 그의 정신 활동을 의식의 본성에 따라 신성과 인성 중 어느 한쪽에 속하는 것으로 묘사하는 것이 가능한 경우라도 그것을 어느 한 본성의 발휘로 특정하는 것을 유보하는 것이 합당할 것이다. 그러나 예수님의 감정생활을 탐구하는 동안,

그런 이유로 인해 발생하는 당혹감은 실질적이라기보다는 이론적인 성격이 더 강하다. 복음서의 이야기들 속에 묘사된 예수님의 감정 가운데는 그분의 인간적인 본성에서 비롯한 것이 분명해 보이는 것들이 더러 있다. 어떤 감정들은 그분의 인간적인 본성에 해당하는 성질을 띠고 있지만, 다른 나머지 감정들을 살펴보면 인간적인 본성이나 신적 본성에 똑같이 해당하는 것들도 있다. 그런 감정들은 인간적인 본성에 속하면서도 당연히 전적으로는 아니어도 어느 정도는 신적 본성과도 연관성이 있을 수 있다. 그런 감정들은 전체적인 개념을 형성하는 데 매우 적절하게 활용될 수 있다. 따라서 우리는 심각한 혼동을 일으킬 위험 없이 복음서의 이야기들을 읽으면서 그 안에서 예수님께 적용된 구체적인 감정들을 살펴보고, 그것들을 토대로 인간의 모습으로 나타나신 주님의 감정생활을 연구하는 출발점이 될만한 개념을 확립할 수 있다.

  이 출발점을 확립하는 것이 이 책의 목표다. 우리 주님의 감정생활에 관한 견해를 상세하게 제시하려는 시도는 없을 것이다. 단지 복음서의 이야기 속에 분명하게 묘사된 주님의 감정들을 정확하게 식별해 연결함으로써 교훈을 전달하는 것으로 만족할 것이다. 단지 그것들을 연결하는 것만으로도 우리 주님의 인성에 관한 개념을 확실하게 확립하고, 또 그분의 인성이 지닌 본질에 관한 개념을 형성해 나갈 틀을 마련하기에 조금도 부족하지 않을 것이다.

I

예수님의 삶은 긍휼을 베푸는 삶이었고, 그분의 사역은 선한 행위로 점철되었다. 이런 사실이 제자들의 기억 속에 뚜렷하게 남아 "두루 다니시며 선한 일을 행하시고"(행 10:38)라는 말 속에 간략하게 요약되어 있다. 따라서 예수님이 가장 자주 드러내셨을 것으로 기대되는 감정은 바로 '긍휼(동정심)'이다. 사실상, 이것이 그분에게 가장 자주 적용된 감정이었다. 고전 헬라어에서는 이 감정을 나타내는 용어가 발견되지 않는다. 이 용어는 유대인이 흩어진 이후에 생겨난 것으로 보인다. 이 용어가 그런 의미로 사용된 것은 공관복음서가 처음이었다. 공관복음서 안에서는 그런 의미에 가장 적합한 고전어를 대신해 이 용어가 사용되었다. 신적 긍휼은 '피조물을 불쌍히 여겨 그들의 고통을 덜어주는'

하나님의 본질적인 속성으로 정의되어 왔다. 이것은 두 부분, 곧 연민이라는 내적 감정과 선행이라는 외적 행위로 이루어져 있다. 주님이 '불쌍히 여기셨다'라고 말할 때는 연민이라는 내적 감정이 강조된다. 사람들이 주님의 긍휼에 호소할 때는 좀 더 외적인 의미의 용어가 사용되지만, 그런 호소에 대한 주님의 반응을 묘사할 때는 좀 더 내적인 용어가 사용된다. 청원자들이 자기들을 불쌍히 여겨 달라고 간청하면, 주님의 마음은 깊은 동정심을 느끼셨다. 그분의 긍휼은 외적 행위를 통해 온전히 이루어졌지만, 주님의 반응을 나타내는 데 사용된 용어가 강조하는 것은 그분의 깊은 내적 감정이었다.

개인의 고통을 목격할 때나(막 1:41, 마 20:34, 눅 7:13), 인류의 보편적인 불행을 의식할 때(막 6:34, 8:2, 막 9:36, 14:14, 15:32) 주님의 내면에서 감정이 일었다. 소경 두 사람이 볼 수 있게 해달라고 간청했을 때나(마 20:34), 나병 환자가 치유를 호소할 때도(막 1:41. 43절에 보면 이 경우에는 예수님의 엄중한 경고가 뒤따랐지만) 주님은 마음속으로 큰 연민을 느끼셨다. 그분은 사람들이 한 과부의 외동아들의 관을 들고 장례를 치르러 가는 모습을 지켜보시면서, 슬피 우는 과부가 아무런 도움을 요청하지 않았는데도 단지 그 모습을 보는 것만으로 연민의 감정을 느끼셨다(눅 7:13). 군중의 일시적인 허기를 달래주기 위해 큰 기적을 베푸신 사건을 보면, 예수님의 연민의 감정이 얼마나 자연스럽게 자발적으로 솟구쳤는지를 더욱 분명하게 알 수 있다. 그분은 "내가 무리를 불쌍히 여기노라 그들이 나와 함께 있은 지 이미 사흘이 지났으나 먹을 것이 없도다 만일 내가 그들을 굶겨 집으로 보내면 길에서 기진하리라 그 중에는 멀리서 온 사람들도 있느니라"(막 8:2-3, 마

15:32)라고 말씀하셨다. 예수님이 자신이 느낀 연민의 감정을 직접 언급하신 경우를 기록한 성경 본문은 이것이 유일하다. 그러나 주님의 동정심을 불러일으킨 것은 단지 가난과 질병과 죽음과 같은 물리적인 불행만이 아니었다. 예수님은 그런 불행들이 영적 궁핍함에서 비롯하는 것으로 간주하셨다. 그분은 영적 궁핍함에 가장 큰 연민을 느끼셨다. 원인과 결과가 매우 밀접하게 연관되어 있었기 때문에 그것들을 구별하기가 항상 쉽지만은 않다. 예를 들어, 마가복음 6장 34절은 "예수께서 나오사 큰 무리를 보시고 그 목자 없는 양 같음으로 인하여 불쌍히 여기사 이에 여러 가지로 가르치시더라"라고 말씀하는 데 비해, 병행 구절인 마태복음 14장 14절은 "예수께서 나오사 큰 무리를 보시고 불쌍히 여기사 그중에 있는 병자를 고쳐 주시니라"라고 말씀한다. 이 두 본문을 한데 합치면 온전한 이

해에 도달할 수 있다. 즉 영적인 일에 대한 치명적인 무지와 사탄의 폭압으로 인한 갖가지 결과들 아래서 신음하는 그들의 불행한 상태가 똑같이 주님의 연민을 불러일으켰다. 복음서의 또 다른 본문(마 9:36)은 "무리를 보시고 불쌍히 여기시니 이는 그들이 목자 없는 양과 같이 고생하며 기진함이라"라는 말로 사람들의 영적 궁핍함이 예수님의 연민을 자아냈다고 강조한다. 사람들의 영적 궁핍함이 매우 강한 표현으로 묘사되었다. 그들은 인도해줄 사람이 없는 상태로 가시덤불 가운데를 헤매다가 이리저리 찢기고 기진맥진한 상태가 되어 무력감과 절망감을 느끼며 땅바닥에 주저앉은 양들에 비유되었다. 주님은 곤경에 빠진 그들의 절박한 상태를 보고서 연민을 느끼고, 해결책을 제시하셨다.

신약성경의 저자들이 주님이 느끼신 연민의 감정을 표현하는 데 직접적으로 사용한 또 다른 용어는 존재하지 않지만, 눈물과 탄식을 통해 그 감정이 드러난 경우를 묘사한 본문들이 더러 존재한다. 예를 들어, 예수님은 마리아와 그녀의 친구들이 주체할 수 없는 슬픔을 토로하는 모습을 보고 함께 눈물을 흘리셨다. 그분이 무도하기 짝이 없는 죽음에 크게 분노하며 그 파괴자를 정복하기 위해 나서면서 흘리신 눈물은 분명코 연민에서 우러나온 눈물이었다. 또한 주님이 예루살렘과 그곳의 강퍅한 불신앙을 보고 억누르기 힘든 슬픔을 느끼신 것도 참으로 가슴 저미는 연민의 발로였다. 그분은 '너도 오늘 평화에 관한 일을 알았더라면 좋을 뻔하였거니와'(눅 19:42)라고 탄식하셨다. 주님은 고통스러운 광경을 보면 눈물을 흘리셨고, 완악한 불신앙을 보면 주체할 수 없는 깊은 슬픔을 느끼셨다. 사람들이 귀먹고 말 더듬는 사람을 예수님께 데려와서 고쳐주시기를 바랐을 때도 그분은 깊이 탄식하셨고, 바리새인들이 악의에 찬 불신앙을 드러냈을 때도 마음속으로 깊이 탄식하셨다(막 8:12). 스위트는 "강퍅한 죄가 고통의 광경보다 그리스도의 더 깊은 탄식을 자아냈다(막 7:34, 요 13:20 참조). 그것으로 인한 탄식에는 분노와 슬픔이 모두 포함되어 있다."라고 적절하게 설명했다.[1] 예루살렘의 강퍅한 불신앙을 크게 슬퍼하고, 바리새인들의 완고한 태도를 깊이 탄식한 것은 긍휼이 가득한 예수님이 심적으로 큰 고통을 느끼셨다는 것을 분명하게 보여준다. 그분은 자기를 끈질기게 거부하는 자들을 가장 엄하게 질책하실 수밖에 없었지만, "이 세대에게 보여줄 표적이 없다"라고 말씀할 때도 "마음 속으로 깊이 탄식하셨고," "날이 이를지라 네 원

---

1. Henry Barclay Swete, *The Gospel According to St. Mark* (London: Macmillan, 1898; repr. Eugene, OR: Wipf & Stock, 2015), 158.

수들이 네게 와서 너희를 땅에 메어칠 것이라"라고 말씀할 때도 크게 슬퍼하셨다. 이처럼, 예수님은 완악한 죄인들이 멸망하는 것조차도 마음 아파하셨다.

 예수님이 마음 아파하셨던 이유는 그분의 가장 중요한 속성이 사랑이었기 때문이다. 사랑은 긍휼의 토대다. 공관복음서에서 사랑의 감정을 예수님의 속성으로 간주한 유일한 성경 구절인 마가복음 10장 21절을 살펴보면, 사랑과 긍휼이라는 두 감정이 서로 얼마나 밀접하게 연관되어 있는지를 알 수 있다. 예수님은 젊은 부자 관원을 보고, "사랑하사" "네게 아직도 한 가지 부족한 것이 있으니"라고 말씀하셨다. 그것은 '만족감을 느끼는 데서 비롯한 사랑'이 아닌 '자비심에서 비롯하는 사랑'이었다. 다시 말해, 그것은 선한 것을 발견한 데서 비롯한 사랑이 아닌 선을 베풀려는 의도를 지닌 사랑이었다. 우리는 "순수한 연민에서 우러나는 사랑은 결코 존재하지 않는다."라고 말한다. 그러나 우리는 '결코 없다'가 아닌 '거의 없다'라고 말해야 한다.[2] '고마운 마음에서 우러나온 사랑(곧 다른 사람들 안에 이미 선한 것이 있는 것을 발견하고서 선한 일을 해주려는 마음)과 전혀 다른 사랑'이 존재한다. 예수님은 마음속으로 젊은 부자 관원을 깊이 동정하고, 그에게 선한 일을 해주고 싶은 마음이 간절하셨다. 특히 본문에 묘사된 상황을 고려하면, 이것이 순수한 연민에서 비롯한 감정이라는 것을 분명하게 알 수 있다.

요한복음은 어떤 것이든 항상 단도직입적으로 핵심을 찌르는 특성이 있다. 연민의 근저에는 사랑

---

2. James Morrison, *A Practical Commentary on the Gospel According to St. Mark* (London: Hodder & Stoughton, 1892), 285.

이 놓여 있다. 공관복음서에서 사랑을 예수님의 속성으로 제시한 것은 단 한 번뿐이지만 요한복음은 그와는 정반대다. 요한복음은 연민을 예수님의 속성으로 제시한 적은 단 한 번도 없지만, 사랑은 자주 제시했다. 이 사랑은 흔히 연민의 사랑으로 일컬어진다. 좀 더 폭넓게 말하면, 이는 자비심에서 우러나는 사랑, 곧 대상을 순수하게 기뻐하는 데서 비롯하는 사랑을 가리킨다. 이와는 대조적으로, 하나님께 대한 사랑은 만족감을 느끼는 데서 비롯한 사랑이었다. 놀랍게도, 예수님이 하나님께 대한 사랑을 분명하게 언급하신 적은 단 한 번뿐이었다 (요 14:31). 그러나 그 한마디 말씀을 통해 예수님이 어떤 동기로 자기를 내주어 구원 사역을 이루셨는지를 익히 짐작할 수 있다. 자신을 제물로 드려야 할 때가 가까워지자 예수님은 "이후에는 내가 너희와 말을 많이 하지 아니하리니 이 세상의 임금

이 오겠음이라 그러나 그는 내게 관계할 것이 없으니 오직 내가 아버지를 사랑하는 것과 아버지께서 명하신 대로 행하는 것을 세상이 알게 하려 함이로라"(요 14:30, 31)라고 말씀하셨다. 흔히들 죄인들을 향한 사랑을 예수님이 세상에 와서 살다가 죽으신 이유로 생각한다. 그러나 이 본문은 하나님께 대한 사랑의 복종을 그 이유로 제시한다. 예수님은 성부 하나님의 뜻을 행하기 위해 세상에 오셨다. 예수님이 고통스러운 죽음을 감당하면서까지 성부 하나님의 뜻을 행했던 이유는 그분을 사랑하셨기 때문이다. 그분은 하나님을 향한 사랑에 이끌려 '죽기까지 복종하는 것, 곧 십자가의 죽음'이 자신이 이루어야 할 목표라고 선언하셨다(빌 2:8 참조).

 예수님이 죄와 불행에 빠진 인간을 구원하기 위해 세상에 오신 이유는 자비심에서 우러난 사랑 때문이었다. 이 사랑을 가장 극명하게 표현한 성경 본문은 요한복음 15장 13-14절이다. "사람이 친구를 위하여 자기 목숨을 버리면 이보다 더 큰 사랑이 없나니 너희는 내가 명하는 대로 행하면 곧 나의 친구라." 이 말씀 뒤에 나오는 "너희가 나를 택한 것이 아니요 내가 너희를 택하여 세웠나니 이는 너희로 가서 열매를 맺게 하고"(16절)라는 말씀을 고려하면, '친구'가 무슨 의미인지가 분명하게 드러난다. 즉 여기에서 '친구'는 사랑을 베푸는 자들이 아닌 사랑을 받는 자들을 가리킨다. 이것은 자기 백성을 사랑하는 예수님의 마음에 대한 궁극의 표현이다. 예수님은 이 사랑의 힘으로 그들을 위해 온갖 수모가 뒤따르는 사역을 끝까지 감당하셨다. 한편 예수님의 사랑은 전후 문맥에서 발견되는 반복된 선언을 통해 더욱 충분하게 묘사된다. 예를 들어, 예수님은 본문 앞에 기록된 구절에서 사랑의 동기와 표준을 제시하셨다. 그것이 곧 그분이 제자들에게 기대하신 것이었다.

> "너희가 열매를 많이 맺으면 내 아버지께서 영광을 받으실 것이요 너희는 내 제자가 되리라 아버지께서 나를 사랑하신 것 같이 나도 너희를 사랑하였으니 나의 사랑 안에 거하라 내가 아버지의 계명을 지켜 그의 사랑 안에 거하는 것 같이 너희도 내 계명을 지키면 내 사랑 안에 거하리라 내가 이것을 너희에게 이름은 내 기쁨이 너희 안에 있어 너희 기쁨을 충만하게 하려 함이라 내 계명은 곧 내가 너희를 사랑한 것 같이 너희도 서로 사랑하라 하는 이것이니라"(요 15:8-12).

성부에 대한 사랑이 예수님이 실천하신 순종의 원천이었다. 예수님이 맡은 사역에 충실하실 수 있었던 힘이 거기에서 비롯했다. 그와 마찬가지로 예수님은 자기를 따르는 자들도 그들을 향한 예수님의 사랑을 모방하고, 본받아, 예수님을 사랑하는 마음을 그들의 순종의 원천으로 삼아야 한다고 선언하셨다. 또한 그 사랑은 서로에 대한 사랑을 비롯해 인간에게 주어질 수 있는 선한 모든 것의 원천이 되어야 한다고 선언하셨다. 이처럼, 자기희생적인 사랑이 기독교적 삶의 본질이다. 그리스도께서도 이 사랑에 이끌려 자기를 희생하셨다. 그리스도를 따르는 자들은 "그리스도 예수의 마음"을 품어야 한다(빌 2:5). 위의 성경 본문에서 발견되는 "나의 사랑 안에 거하라," "내 사랑 안에," "그(성부)의 사랑 안에"와 같은 문구에 사용된 소유격 대명사들은 모두 사랑의 주어를 가리키는 역할을 한다. 이것은 그리스도께서 자기 백성에게 베푸시는 사랑이다. 이것이 그분이 자기 백성에게 요구하시는 사랑의 동기와 표준으로 명확하게 제시되었다. 이 사랑이 좀 더 넓은 문맥 속에서 여기에서와 똑같은 의미로 이미 한 차례 이상 언급되었으며(요 13:1, 34, 14:21), 이 사랑의 위대성이 널리 드러났다. 예수님은 "세상에 있는 자기 사람들을 사랑하시되 끝까지 사랑하셨다"(요 13:1). 이 사랑이 세상에서 그리스도인으로 살아가는 사람들이 모방하고, 본받아야 할 사랑으로 제시되었다. "내가 너희를 사랑한 것 같이 너희도 서로 사랑하라"(요 13:34), "나를 사랑하는 자는…나도 그를 사랑하여 그에게 나를 나타내리라"(요 14:21)라는 말씀에서 알 수 있는 대로, 이 사랑이 그리스도인의 가장 큰 보상으로 제시되었다.

요한복음에서 예수님의 속성으로 제시된 사랑의 감정은 성부를 사랑하는 마음으로 구원 사역을 통해 성부의 뜻을 성취하는 것이나 성부의 뜻을 이루어 구원의 은혜를 베풀 사람들을 사랑으로 선택하는 것이나 그들을 위해 자기 목숨을 버리는 것과 같은 위대한 일에만 국한되지 않았다. 예수님은 우정의 관계를 통해 인간과 인간을 결속시키는 평범한 감정도 아울러 느끼셨다. 복음서에는 예수님이 사랑하셨던 특정한 개인들이 등장한다. 이것은 예수님의 마음과 그들의 마음이 단순한 인간적인 호감에 이끌려 서로 통했다는 뜻이다. 이런 우정을 나타내는 데 사용된 용어는 주로 높이 우러르며 존경심을 나타내는 사랑의 감정을 가리키는 격식 있는 용어였다. 그러나 그런 용어 외에도 개인적인 호감과 다정함을 뜻하는 개념만을 지닌 용어도 함께 사용되었다. 주님이 가장 친밀하게 지내셨던 제자들 가운데서도 매우 특별했던 한 제자가 있었다. 예수님은 개인적으로 그에게 각별한 애정을 기울이셨다. 이 제자는 "예수님이 사랑하시는 제자"로 알려졌다(그러나 이 문구를 지나치게 배타적인 의미로 이해할 필요는 없다). 이 두 용어, 곧 좀 더 격식 있는 용어와 좀 더 친밀감 있는 용어가 모두 그 제자를 사랑하신 예수님의 감정을 묘사하는 데 사용되었다. 또한 베다니에 살았던 한 가족, 특히 나사로에 대한 예수님의 사랑도 친밀한 감정의 표현이 분명했고, 두 가지 용어로 묘사되었다. 그 가운데 좀 더 친밀감 있는 용어는 나사로를 향한 예수님의 애정을 묘사할 때에만 알맞게 사용되었다. "주여 보시옵소서 사랑하시는 자가 병들었나이다"(요 11:3)라는 말씀에서 알 수 있는 대로, 나사로의 누이들이 예수님께 보낸 전갈에도 친밀감이 물씬 느껴지는 표현이 사용되었다. 예수님이 눈물을 흘리는 모습을 지켜본 유대인들은 그분이 더할 나위 없이 큰 친밀감을 느끼시는 것을 보고서 "보라 그를 얼마나 사랑하셨는가"(요 11:36)라고 소리쳤다. 그러나 요한복음의 저자는 "예수께서 본래 마르다와 그 동생과 나사로를 사랑하시더니"(요 11:5)라고 말함으로써 예수님의 애정을 나사로의 누이들에게까지 확대 적용할 때는 본능적으로 우정을 나타내는 좀 더 격식 있는 용어로 대체했다. 마르다와 마리아를 향한 예수님의 사랑은 깊고, 친밀했지만 성적인 감정은 전혀 담겨 있지 않았다. 좀 더 격식 있는 용어가 사용된 사실은 그런 오해가 일어날 가능성을 원천적으로 차단한다. 이처럼, 예수님도 사회 구성원들의 친밀한 상호적 교제를 가능하게 하는 인간의 자연스러운 사랑의 감정을 느끼셨다. 그분은 개인이 지닌 매력이나 사회적 관계를 통해 얻어지는 즐거움에 전혀 무감각하지 않으셨다(마 11:19 참조). 그분에게는 이루어야 할 사명이 있었다. 그분은 그 사명을 염두에 두고 자신의 종들을 선택하셨다. "누구든지 하늘에 계신 내 아버지의 뜻대로 하는 자가 내 형제요 자매요 어머니이니라"(마 12:50)라는 말씀이나 "내가 명하는 대로 행하면 곧 나의 친구라"(요 15:14)라는 말씀에서 분명하게 알 수 있는 대로, 예수님은 육적인 관계보다 영적인 관계를 더 중시하셨지만, 그분의 인간 마음의 동료들(즉 인간적 가까움 안에서 애정을 기울인 친구들)을 갖기도 하셨다. 예수님의 마음은 개방적이었고, 인간적인 관계를 통한 즐거움에 쉽게 반응했다. 그분은 다른 사람들과 행복한 교제를 나누기를 주저하지 않으셨다.

II

도덕 감각은 우리가 선과 악으로 일컫는 것들을 구별하는 단순한 기능만을 수행하지 않는다. 그런 기능은 서로 다른 차이만을 인식하는 것으로 그친다. 도덕 감각을 통한 판단은 단순한 지적 판단에 머물지 않는다. 우리가 도덕적 판단으로 일컫는 것에는 인식된 것에 대한 찬성이나 반대의 감정이 포함된다. 따라서 도덕적인 존재는 그가 악으로 인식하는 것을 보고서 아무런 감정을 느끼지 않거나 무관심한 태도를 보일 수 없다. 도덕적인 존재는 선과 악의 차이를 인식하고, 인식된 선이나 악에 대해 적절하게 반응하기 마련이다. 의분이나 분노의 감정은 도덕적인 존재의 자기표현에 해당한다. 도덕적인 존재는 그릇된 것을 보면 분노를 느끼지 않을 수 없다. 따라서 예수님이 죄의 저주 아래 놓인 세상에서 사는 동안, 다양한 분노의 감정을 느끼셨을 것이라는 사실은 굳이 길게 설명할 필요가 없을 만큼 명백하다. 예수님의 경험을 기록한 복음서의 간단한 이야기들 안에 행위나 말로 그런 감정을 표현한 경우가 적지 않게 기록되어 있는 것은 조금도 놀라운 일이 아니다. 특히 마가복음에는, 사소해 보이는 객관적인 어투로 우리 주님의 태도와 특징을 간단하게 언급하고 지나간 내용이 간간이 발견된다.

예를 들어, 마가는 인간의 존엄성보다 종교의식의 보전을 중시했던 유대인들, 곧 인간의 고통에 대해 무감각했던 유대인들의 태도가 예수님의 강렬한 분노를 자극했다고 말한다(막 3:5). 어느 날, 예수님은 안식일에 회당에서 손 마른 사람과 마주치셨다. 유대인들은 예수님을 고발할 생각으로 안식일에 그 사람을 고치시는가 주시했다. 예수님은 그들의 생각을 알면서도 기꺼이 그 사람을 회당 한가운데에 일어서게 하고는 "안식일에 선을 행하는 것과 악을 행하는 것, 생명을 구하는 것과 죽이는 것, 어느 것이 옳으냐"라는 날카로운 질문을 던져 목전의 상황을 일반화하셨다. 그러나 그들은 아무런 대답도 하지 않았다. 그러자 예수님은 분노하셨다. "그들의 마음이 완악함을 탄식하사 노하심으로 그들을 둘러 보시고"(막 3:5). 이 말씀은 주님의 분노에 안타까운 마음이 가미되어 있었다는 뜻(즉 그들의 완악한 마음에 대한 강한 질책 속에 그런 비참한 상태에 처한 사람들에 대한 일종의 동정심이 혼합되어 있었다는 뜻)이 아니라 그들의 완악한 마음을 의식하는 순간 주님의 내면에서 극도의 불만감이 솟구쳤고, 그것이 격한 분노로 표출되기에 이르렀다는 뜻이다. 이처럼, 이 이야기는 분노의 근본적인 심리적 작용방식을 흥미롭게 묘사하고 있다. 분노의 저변에는 항상 고통이 존재한다. 분노는 불편한 감정을 일으키는 것에 대한 영혼의 반응이다. 유대인들의 완악한 마음이 예수님에게 상처를 입혔다. 주님은 자신을 고통스럽게 만든 것에 대해 분노하셨다. 여기에서 발견되는 감정의 움직임은 두 가지다. 유대인들의 완악한 마음이 생생하게 드러나 예수님에게 고통을 가했다. 그 고통으로부터 분노라는 강력한 반응이 일어났다. 분노의 감정을 묘사한 용어의 저변에는 고통의 개념이 깔려 있다. 이 용어는 육체적인 고통과 정신적인 고통을 포함한 모든 종류의 고통을 광범위하게 가리키는 의미로 사용되지만, 겉으로 드러난 상태보다는 내면에서 느껴지는 감정을 강조한다. 여기에서도 내면에서 느껴지는 감정, 곧 인간을 대하는 비인간적인 태도를 보는 순간에 예수님의 내면에서 야기된 불편한 마음을 강조하는 의미로 적절하게 사용되었다. 이런 불편한 마음이 분노의 눈빛으로 몰인정한 유대인들을 둘러보시는 것으로 표출되었다. 고통은 지속되었고, 분노는 곧 사라졌다는 암시는 어디에도 없다. 물론, 고통을 표출한 분노의 눈빛은 분노를 일으킨 고통에 비하면 순간적일 수 있지만, 이 분노를 묘사하는 용어는 복수에 고정된, 지속적인 분노를 나타내는 의미를 지닌다. 이 구절에 언급된 예수님의 감정은 악한 것을 인지하고, 행악자를 벌하려는 의도를 지닌 분노, 즉 이른바 징벌적 정의를 실현하려는 감정을 가리킨다. 도덕적인 존재는 누구나 악한 것을 인지했을 때는 당연히 그런 반응을 나타낼 수밖에 없다.

마가는 다른 곳에서 또다시 예수님이 느끼셨던 분노의 감정을 묘사했다(막 10:14). 이것은 위와 비교하면 훨씬 덜한 형태의 분노였다. 제자들은 예수님의 만져주심을 바라고 어린 자녀들을 데리고 나오는 부모들을 제재했다(눅 18:15 참조). 예수님이 불필요한 일에 시간과 힘을 낭비하시지 않게 보호하겠다는 것이 그들의 의도였다. 그런데 예수님은 그런 제자들의 행동을 보고 "노하셨다." 여기에 사용된 용어는 본래 물리적인 또는 정신적인 '짜증나게 함'(마 20:24, 21:15, 26:8, 막 10:41, 14:4, 눅 13:14, 고후

7:11 참조)을 나타내는 의미를 지녔다. 따라서 예수님이 제자들에게 '짜증을 내셨다'라거나 '화를 내셨다'라고 번역하는 것이 더 나을 듯하다. 예수님은 "어린아이들이 내게 오는 것을 용납하고 금하지 말라"라는 짧은 말이나 몸짓이나 억양으로 자신의 불쾌한 마음을 표현하셨을 것이 분명하다. 예수님은 제자들의 몰인정한 태도에 분노로 반응하셨다. 그분은 아무리 의도가 좋더라도 그릇된 오해로 실수를 저지르는 것에 대해서 역정으로 반응하셨다.

마가는 다른 곳에서 또다시 예수님이 드러내신 분노의 감정을 언급한다. 그러기는 마태도 마찬가지였다. 마가는 예수님이 나병환자를 고쳐주고 나서, 마태는 소경 두 사람을 고쳐주고 나서 그렇게 하셨다고 각각 기록했다(막 1:43, 마 9:30). 그들은 예수님이 그들에게 '엄히, 엄중히, 준엄하게 경고하셨다,' 또는 '명령하셨다'라고 번역할 수 있는 문구를 사용했다. 우리가 사용하는 영역 성경들은 그들에게 일어난 치유의 기적을 전하는 것보다는 예수님의 치유 능력을 통해 병 고침을 받은 수혜자들에 대한 그분의 경고 명령을 정확하게 표현할 방법을 찾느라고 더 힘들게 고심한 흔적이 역력하다. 그러나 이 용어는 '엄중하게'나 '엄히'와 같은 수식어를 아무리 갖다 붙여도 단순히 '명령하다'라거나 '요구하다'와 같은 일반적인 의미로 사용된 것은 아닌 것처럼 보인다. 이 용어는 '(그들에게) 화를 내셨다'라는 뜻이다. 이 용어는 대개 분노가 크게 치솟아 '대노했다'라는 의미로 사용되거나 '소리를 크게 지르며 심하게 화를 내다'라는 의미로 사용된다. 따라서 이 용어의 관용적 의미를 그대로 적용하면, 예수님이 '나병환자에게 심하게 화를 내며 돌려보내셨다,' '삼가 아무에게도 알리지 말라'

라고 경고하며 '소경들에게 크게 화를 내셨다'라고 번역해야 한다. 기록된 문구 안에 이 분노가 표현된 것으로 가정한다면, 드물게 자동사로 사용되기도 하는 영어 단어 '블러스터(bluster-호통치다)'와 의미가 크게 다르지 않을 것이다. 예를 들어, 과거의 어떤 저술가는 "그는 왕자들을 호되게 꾸짖어(bluster) 완전하게 복종시키려고 했다."라고 말했다.[3] 그러나 영어 단어에는 공허한 소음을 일으키거나 시끄럽게 떠든다는 의미가 내포되어 있지만, 헬라어에는 그런 의미가 전혀 내포되어 있지 않다. 헬라어로 표현된 이 분노는 항상 매우 실질적인 분노를 가리킨다. 이 헬라어와 '블러스터'의 공통점은 강력한 위협을 가한다는 의미를 함축하고 있다

---

3. Fuller(Webster's Dictionary), about 1801, *The Oxford Dictionary of the English Language*, 1:951에 인용되어 있으며, 다른 인용구들도 그 책에 기록되어 있음.

는 것이다. 따라서 라틴어 〈불가타 성경〉은 이 용어를 '위협하다'라고 번역해 문제를 해결하려고 시도했다. 〈위클리프 성경〉과 〈랭스 성경〉과 같은 영역 성경들이 이 번역을 따랐다. 예수님이 위협적인 태도를 보이며 "삼가 아무에게도 알리지 말라"라고 으름장을 놓으신 것으로 묘사되었다. 이런 말은 항상 위협적인 의미를 지닌 형태의 말로 간주된다. 그러나 '위협하다'라는 표현은 이 용어를 본문의 문맥 안에서 적절하게 번역한 것으로 받아들이기 어렵다. 마태의 경우는 "예수께서 엄히 경고하시되 삼가…알리지 말라 하셨으나"라고 말했기 때문에 곧바로 이어진 위협적인 말을 통해 분노가 표출되었다고 짐작할 수 있지만, 마가의 경우는 내포된 의미가 다르다. 그는 '곧 보내시며 엄히 경고하사(그에게 크게 화를 내고)'라고 말하고 나서 '이르시되 삼가 아무에게 아무 말도 하지 말고'라고 말씀하셨다고 덧붙임으로써 주의를 당부하는 말이 나중에 이루어진 것처럼 진술했다. 다시 말해, 주님의 분노가 어떤 식으로 표출되었는지가 정확하게 드러나지 않았다. 그리고 사실, 이 점은 마가는 물론, 마태의 경우에도 똑같이 적용될 수 있다. "예수께서 엄히 경고하시되 (위협적인 말로) 삼가…알리지 말라 하셨으니"라는 말은 단지 '예수께서 그들을 위협하셨다'라는 의미가 아니다. 이것은 말로 위협을 가했고, 그런 위협이 예수님이 느끼신 분노를 드러내는 적절한 수단이었다는 뜻이다.

두 경우 모두, 주님이 분노를 느끼신 이유가 표면 위로 분명하게 드러나 있지 않다. 주석학자들은 대개 치유를 받은 사람들이 침묵하라는 경고를 무시할 것을 미리 알고서 그렇게 하셨다는 식으로 문제를 해결하려는 경향이 있는 듯하다. 그러나 그런 설명은 그 자체로 부자연스러울 뿐 아니라 마가복음이 전하는 이야기와 전혀 어울리지 않는다. 마가는 예수님이 화를 내며 나병환자에게 침묵을 요구하셨다고 말하지 않고, 화를 내며 그를 곧 돌려보내셨다고 말했다. 다른 주석학자들은 예수님이 도움을 구하는 병자들의 태도(곧 자기에게 다가오는 태도나 도움을 구하는 말)를 탐탁하게 여기지 않으셨거나 그들의 잘못된 생각을 아셨기 때문이라는 식으로 그분이 분노하신 이유를 설명하려고 시도한다. 클로스터만은 그런 기적적인 치유를 베푸는 것이 자신의 소명과 직접적인 연관성이 없다고 생각하셨기 때문에 기껏 동정심을 베풀어 병을 고쳐주었는데 자신의 경고를 무시한 것에 짜증이 나셨다는 설명을 제시했다. 폴크마르는 "그가 나에게 말하기를 나는 너와 및 네 형제들과 같이 된 종이니"(계 19:10)라는 요한계시록의 말씀을 근거로 내세워 예수님이 나병환자가 지나치게 공경한 태도로 자기에게 도움을 요청한 것에 대해 분노하셨다고 설명했다. 심지어 카일은 소경들이 예수님을 공개적으로 '다윗의 자손'으로 일컬었기 때문에 그들에게 분노하셨다는 설명을 제시하기까지 했다. 그는 예수님이 '단지 기적 때문에 자기를 믿는 사람들이 아직 때가 이르지 않은 상황에서 자신을 메시아로 일컫는 일이 없기를' 바라셨다고 말했다.[4] 이보다는 충분한 공경심을 드러내며 예수님께 나아오지 않았다는 것, 예수님에게 주어진 사명의 참된 본질을 옳게 이해하지 못했다는 것, 치유를 받는 것을 당연한 권리로 여기고 요구했다는 것, 예수님을 단순한 기적가로 생각했다는 것, 나병환자가 자신의 의무에 조금도 관심을 기울이지 않았다는 것과 같이 치유를 간구한 사람들의 결함을 원인으로 제시

---

4. 이 인용구의 정확한 출처는 알려져 있지 않다.

하는 것이 좀 더 일반적이다. 나병환자는 낯선 사람에게 함부로 접근하는 것이 금지되었다. 그는 낯선 사람에게 안수를 요구해서도 안 되었고, 그가 자신에게 안수하는 것을 허용해서도 안 되었다. 특히 나병환자는 도시의 거리에서 낯선 사람에게 접근하거나(눅 5:12) 집안에 들어가서는 안 되었다(막 1:43—"곧 내보시며"). 특히 그곳이 개인의 집인 경우는 더더욱 안 되었다(이 경우는 개인의 집일 가능성이 크다). 예수님이 율법을 어기는 그런 행위에 대해 분노를 느끼신 것은 매우 자연스럽다. 이것은 그분이 나병환자를 격하게 쫓아내면서, "가서 율법이 요구하는 대로 행하라"고 말씀하신 이유를 잘 설명해 준다. 이런 다양한 설명은 본문에서 발견되는 사소한 실마리를 근거로 주님이 분노하신 이유를 밝혀내려고 애쓴다. 그러나 예수님이 분노하신 것은 명백한 사실이다. 두 경우 모두 그런 사실이 분명하게 드러나 있다. 따라서 그보다 의미가 약한 용어를 사용해 사실을 모호하게 만들어서는 곤란하다. 본문에 사용된 용어는 예수님이 큰 소리로 격한 분노를 드러내셨다고 말한다. 그러나 예수님은 분노하면서도 기꺼이 긍휼을 베푸셨다(막 1:41, 마 9:27). 단지 분노가 긍휼에 수반되어 나타났을 뿐이다. 이런 사실은 분노의 원인이 긍휼의 대상자들 밖에 존재한다는 암시일 수 있다. 우리는 다른 사례들을 통해서도 긍휼의 본질을 파악할 수 있다.

예수님이 사랑하는 친구 나사로의 무덤 앞에서 취하신 태도를 묘사한 요한복음의 이야기에도 이와 똑같은 용어가 사용되었다(요 11:33, 38). 예수님은 마리아와 함께 온 유대인들이 '통곡하는 것'을 보고(여기에서는 단순히 '울다'라는 용어보다는 큰 소리로 슬픔을 표시하는 의미를 지닌 용어를 사용하는 것이 적절하다), "비통히 여기셨다". 어떤 유대인들은 예수님이 슬퍼하며 눈물을 흘리시는 것을 보고서 소경의 눈을 뜨게 한 사람이 나사로를 죽지 않게 할 수는 없었는지 의문시했고, 그러자 예수님은 "다시 속으로 비통히 여기셨다." 그러나 '비통히 여기다'라는 용어는 반감을 드러내는 의미가 아닌 슬픔이나 고통을 나타내는 의미를 지닌다. 따라서 이 용어를 단순히 짜증을 내는 의미로 번역하는 것은 적절하지 않다. 이 용어가 신약성경의 다른 곳에서 사용된 또 다른 사례는 마가복음 14장 5절뿐이다. 그곳에서 이 용어는 '불평하다'라는 의미로 적절하게 번역되었다(물론, 이런 번역은 이 용어가 지닌 의미를 온전하게 드러내기에는 너무 미약한 측면이 없지 않다). 그 구절에서 이 용어는 그와 유사한 용어 하나와 밀접하게 연관되어 사용되었다(그 유사한 용어 덕분에 그곳에서는 이 용어의 의미가 분명하게 드러난다). 즉 마가복음 14장 4절과 6절은 "어떤 사람들이 화를 내어 서로 말하되…

그 여자를 책망하는지라(그녀에 대해 불평을 토로하는지라)"라고 말씀한다. 그들은 짜증스러운 불쾌감을 느끼고 화를 냈다. 〈영어 개정역 성경〉은 요한복음 11장 33절과 38절의 난외주에서 '비통히 여겼다'라는 문구가 비록 '분노를 느꼈다'라고 옮길 수 있을 만큼 강한 의미를 지니고 있지는 않지만, 그래도 그렇게 옮겨야 한다고 옳게 설명했다. 사실, 요한이 말하려는 요점은 예수님이 주체할 수 없는 슬픔이 아닌 억누를 수 없는 분노를 느끼는 상태로 나사로의 무덤에 가셨다는 것이다. "예수께서 눈물을 흘리시더라"(35절)라는 말씀에서 알 수 있는 대로, 그분은 사람들이 슬픔을 주체하지 못하는 모습을 보고 조용히 동정의 눈물을 흘리셨다. 그러나 그분의 가슴을 찢으며 분출되었던 감정은 다름 아닌 분노였다. 그러나 이 분노의 표출은 강하게 억제되었다. 지금까지 논의한 대로, 요한이 사용한 용어는 외적인 현상을 나타내는 의미를 지녔지만, 그는 부가적인 문구를 덧붙여 외적인 의미를 변경해 '예수님이 심령으로 화를 내셨다,' 즉 '속으로 분노하셨다'라고 말했다. 이처럼, 요한은 용어를 내면화시켜 예수님의 분노가 그분의 속에서 분출했다고 말했다. 물론, 그렇다고 해서 분노가 겉으로 조금도 드러나지 않았다는 뜻은 아니다. 그것은 곁에서 보고, 기록으로 남길 수 있을 만큼 관찰 가능한 현상이었다. 그것은 곁에 있던 사람들이 보고 들을 수 있을 정도의 뚜렷한 현상으로 나타났다. 그러나 요한은 주님의 분노가 외적으로 온전히 표출되지 않고 억제되었다는 의미로 말했다. 겉으로 드러난 분노는 실제적인 강도에 훨씬 미치지 못했다. 그는 심지어 "예수께서 그가 우는 것과 또 함께 온 유대인들이 우는 것을 보시고 심령에 비통히 여기시고 불쌍히 여기사…눈물을 흘리시더라"라는 말로 예수님이 느끼신 심적 고통을 상세히 설명하기까지 했다. 예수님은 내적으로 분노를 억제하면서 마음속으로 큰 동요를 느끼셨다. 그런 상태를 보여주는 한 가지 현상이 바로 눈물이었다.

그러면 예수님은 왜 마리아와 함께 온 유대인들이 우는 것을 보고 분노하셨을까? 그 이유는 사람들이 감정을 너무 과도하게 표출했기 때문도 아니고, 그들이 불신앙(즉 하나님의 섭리에 모든 것을 맡기기를 원치 않는 마음)을 드러냈거나 구원을 베푸시는 예수님의 능력을 신뢰하지 못하는 태도를 보였기 때문도 아니었다. 예수님은 슬픔의 현장을 보고 참된 동정심을 느끼면서도 격한 감정을 억누르며 조용히 눈물을 흘리셨다. 방금 말한 이유 정도로 예수님이 그렇게까지 격한 분노를 느끼셨다고는 생각하기 어렵다. 이야기 속에서 예수님의 분노가 차지하는 중요성을 고려하면, 전체 문맥의 주된 흐

름과 좀 더 밀접하게 관련된 것에서 그 이유를 찾는 것이 온당할 것이다. 지금까지 살펴본 대로, 예수님이 분노하셨다는 사실이 두 차례나 언급되었다. 이런 사실은 그분의 분노가 이야기의 전개 과정에 없어서는 안 될 요소라는 것을 분명하게 보여 준다. 바로 그것에 이 이야기가 주는 주된 교훈이 달려 있다. 예수님이 마리아와 함께 온 유대인들의 고통을 보고 분노하신 이유는 그것이 죽음의 해악(즉 칼빈이 '폭압적인 압제'라고 표현한 죽음의 부자연성)에 대한 그분의 의식을 강렬하게 일깨웠기 때문이다.[5] 칼빈의 말을 빌려 말하면, 예수님은 마리아의 슬픔을 통해 '온 인류의 보편적인 불행'을 의식하셨고, 사람들을 압제하는 죽음에 대해 크게 분노하셨다.[6]

---

5. John Calvin, *Commentary on the Gospel According to John*, 2 vols., trans. William Pringle (Edinburgh: The Calvin Translation Society, 1846-1847), John 11:38 (1:442).

예수님은 억제하기 어려운 분노에 사로잡히셨다. 그분의 존재 전체가 크게 흔들리고, 동요되었다. 그분은 마음속으로 이렇게 부르짖으셨다.

> 수많은 죽음으로 인해
> 내 영혼이 몹시 괴롭구나![7]

주님이 분노하셨던 이유는 죽음 때문이었다. 죽음의 배후에는 사망의 권세를 지닌 자, 곧 파괴를 목적으로 세상에 온 마귀가 도사리고 있었다. 예수님은 동정의 눈물을 흘리셨지만, 그것은 부차적인 현상이었다. 예수님의 영혼이 온통 분노에 휩싸였다. 칼빈이 말한 대로, 그분은 '싸울 태세를 갖춘

---

6. Calvin, *Commentary* on John 11:33 (1:439).
7. John Greenleaf Whittier, "The Grave by the Lake" (1865).

전사'처럼 무덤에 다가가셨다. 나사로를 살리신 것은 단순히 동떨어진 하나의 사건이 아니었다. 그것은 이야기의 전체 문맥에 나타나 있는 대로(특히 24-26절), 예수님이 죽음과 지옥을 정복하시는 분이라는 것을 상징적으로 보여주는 결정적인 사례였다. 요한이 이 사건을 통해 말하려는 요점은 그분이 우리의 구원을 이루려는 마음을 지니고 계신다는 것을 보여주는 것이었다. 예수님은 우리의 원수에 대해 냉랭하고 무관심한 태도를 보이지 않고, 불같은 분노를 표출하신다. 그분은 우리를 대신해 원수를 때려눕히신다. 그분은 우리를 압제하는 악으로부터 우리를 구원할 뿐 아니라 압제를 당하는 우리를 깊이 동정하신다. 주님은 그런 감정들을 느끼며 우리의 구원을 이루셨다.

공관복음서에서도 주님이 치유를 받은 자들을 어떻게 대하셨는지를 묘사하는 데 사용된 용어가 하나 발견된다(마 12:16). 이 용어는 '경고하다'로 이따금 번역되기도 하지만(막 1:43, 3:12, 9:9, 마 9:30, 8:30, 12:16, 16:20), 불쾌감을 드러내며 꾸짖는 의미를 지닐 때가 더 많다(마 8:26, 17:18, 막 4:39, 8:24, 눅 4:35-41, 8:24, 9:42, 9:55). 이 용어의 근본 의미는 '마땅한 조치를 취하다'이다. 죄 있는 인간들을 공정하게 다루는 것을 나타내는 모든 용어 안에 내포되어 있는 우울한 숙명을 암시하는 이 용어는 신약성경에서 항상 나쁜 의미로만 사용되었다. 따라서 여기에서도 질책의 의미로 사용된 것이 분명하다. 이 용어에는 주님이 병자 치유를 비롯해 여러 가지 기적을 행하면서 자기를 따르는 자들에게 이런저런 경고를 할 때 단지 "강하고, 위압적으로"가 아닌[8] 불쾌감을 드러내며 "꾸짖듯이 경고했다"라는 의미가 담겨 있다. 이런 사례들도 비록 아주 강력하지는 않더라도 지금까지 살펴본 사례들

못지않게 우리 주님이 분노의 감정을 표출하셨다는 것을 분명하게 보여주고 있다. 이런 사실을 고려하면, 예수님이 나사로를 살리신 일은 물론이고, 인간을 짓누르는 재앙과 악으로부터 사람들을 구원하기 위해 전능한 능력을 행사하신 다른 많은 사례들에서도 그분이 질병이나 자연재해의 파괴적인 힘에 대해 격한 분노를 드러내셨다는 것을 알 수 있다. 마태복음 12장 16절, 16장 20절, 마가복음 3장 12절, 8장 30절, 누가복음 9장 21절에 사용된 용어에는 질책의 의미가 내포되어 있다. 이것은 위협하거나 으름장을 놓는다는 것과 비슷한 의미를 지니는 것으로 보일 수 있다. 예수님은 "자기를 나타내지 말라 경고하"면서 그러한 목적으로 분노

---

8. Morrison, *A Practical Commentary on the Gospel According to St. Mark*, 72. 원래의 출처는 "강하고"가 아니라 "날카롭고"라는 단어를 사용하고 있음.

또는 불쾌감을 드러내셨다. 그러나 예수님이 더러운 귀신들을 꾸짖어 쫓아내셨을 때는 희생자들을 압제하는 그들의 행위에 대해 불쾌감을 느끼셨다고 이해하는 것이 온당하다. 예수님이 인간을 고통스럽게 하는 열병이나(눅 4:39) 인간의 생명을 위협하는 자연의 세력(바다와 바람)을 꾸짖으셨다고 해서 (마 8:26, 막 4:39, 눅 8:24) 그분이 그런 세력을 인격적인 것으로 간주하셨다고 생각할 이유는 전혀 없다. 그런 세력들을 인격화한 것은 비유일 뿐이다. 주님이 그런 세력들을 꾸짖으며 드러내신 불쾌감은 그들의 배후에 있는 세력을 향한 것이었다. 그것은 예수님이 나사로의 무덤에 다가가서 정복하려고 하셨던 악한 세력과 똑같은 것이었다. 아무튼, 이 용어를 사용해 예수님이 크게 불쾌감을 드러내며 행동하신 것을 묘사한 성경 구절들은 그분이 표출하신 분노의 감정에 관한 이해의 폭을 넓혀준다.

예수님은 제자들을 비롯해 사람들을 괴롭히는 귀신들과 사람들의 생명이나 안전을 위협하는 자연의 세력들을 꾸짖으시면서 치유의 은혜를 받은 사람들을 꾸짖는 어조로 말씀하셨다(마 12:16). 이런 꾸짖음이 항상 부드러운 어조로 이루어졌다고 생각해서는 안 된다. 예수님이 '많이(즉 격렬하게)' 꾸짖으셨다고 분명하게 말씀하는 성경 구절이 존재한다(막 3:12).

아마도 복음서에서 예수님이 분노하신 모습을 가장 생생하게 묘사한 성경 본문이 있다면, 바로 성전 정화 사건을 다룬 본문일 것이다. 요한은 이 사건을 언급하고 나서 "제자들이 성경 말씀에 주의 전을 사모하는 열심히 나를 삼키리라 한 것을 기억하더라"(요 2:17)라는 말씀을 덧붙였다. 여기에 사용된 '열심'이라는 용어는 '열성'을 의미하지만, 이것은 '대적하는 자를 태울 맹렬한 불만 있으리라'(히 10:27)라는 말씀에서처럼 뜨거운 분노로 불타오르는 열성을 의미한다. 이것은 성전이 더럽혀진 것에 대한 격한 분노, 곧 '성전의 거룩함을 지키기 위한 불같은 열정'을 가리킨다.[9] 이것이 본문에 내포된 의미다. 예수님은 '의로운 분노'를 표출하셨다.[10] 그분은 분노로 불타오르는 열성을 느끼셨고, 제자들은 그것을 시편 말씀의 메시아적 성취로 이해했다. 시편 저자는 여호와의 전을 위한 열정이 특별했고, 그 안에 계시는 분을 존중했다. 그 열정은 "그의 뼛속에서 타오르는 불처럼 그를 삼켰고, 끊임없이 그를 통해 맹렬하게 발산되고, 표출되었다."[11] 본문에서 이 열정은 장사 행위로 하나님의

---

9. Brooke Foss Westcott, *The Gospel According to John: The Authorized Version with Introduction and Notes* (London: John Murray, 1894), 42.

10. Theodor Zahn, *Das Evangelium des Johannes* (Deichert, 1908), 168.

집을 더럽힌 자들을 향한 의로운 분노로 표출되었다. 이것은 예수님의 분노에 찬 행동을 가장 분명하게 묘사한 성경 본문 가운데 하나다.

그러나 예수님의 분노에 찬 행동을 묘사한 성경 본문은 이것만이 아니다. 거친 언사도 사실상 과격한 행동과 아무런 차이가 없다. 예수님은 조금도 망설이지 않고 자신의 대적자들을 향해 가장 거친 비난을 쏟아내셨다. 예수님은 헤롯을 '여우'로 일컬었고(눅 13:32), 복음을 거부하는 태도를 '돼지'에 빗대었으며(마 7:6), 자기를 유혹하는 자들에게 '사탄'이라는 가장 수치스러운 이름을 적용하셨다(막 8:33). 또한, 그분은 '위선자들'이라는 맹렬한 비난을 거침없이 반복했을 뿐 아니라(마 15:7, 23:13, 눅

---

11. Franz Delitzsch, *Biblical Commentary on the Psalms* (Edinburg: T&T Clark, 1877), 280.

13:15 참조), '소경이 되어 소경을 인도하는 자,' '회칠한 무덤,' '믿음이 없고 패역한 세대,' '악하고 음란한 세대'와 같은 표현을 덧붙여 비난의 강도를 한층 더 높이셨다. 예수님은 심지어 '노략질하는 이리'(마 7:15), '뱀,' '독사의 자식들'(마 12:34), '마귀의 자식들'과 같은 거친 표현을 사용하는 것조차 서슴지 않으셨다. 그분은 "너희는 너희 아비 마귀에게서 났으니"(요 8:44)라고 질타하셨다. 마태복음 23장에 보면, 바리새인들을 질타한 내용이 길게 이어져 있는 것을 발견할 수 있다. 예수님은 거기에서 "화 있을진저 외식하는 서기관들과 바리새인들이여"라는 문구를 반복해서 사용하셨다. 예수님의 단호한 비난에는 분노의 감정이 물씬 배어 있었다. 그분의 태도는 마치 "저 원수들을 이리로 끌어다가 내 앞에서 죽이라"라고 명령했던, 비유에 나오는 귀인의 태도와 비슷했다.

예수님의 거룩한 분노는 《에케 호모(Ecce Homo)》라는 책에 수록된 유명한 장의 주제로 다루어졌다.[12] 그 장의 요점은 사람들을 사랑하는 사람은 인간에게 악을 저지르는 모든 사람에 대해 불같은 증오심을 느낄 수밖에 없다는 것이다. 예수님은 자기가 목격한 악행에 대해서는 조금도 주저하지 않고 일관된 분노를 표출하셨다. 그 장은 참된 긍휼은 연민은 물론, 분노의 결과물이라는 역설을 전한다. '긍휼이라는 덕성'과 '묵인'으로 불리는 '무관심이라는 악덕'을 구별 짓는 것은 다름 아닌 분노다. 따라서 "분노할 수 없는 사람은 자비로울 수 없다."라는 추론이 가능하다. 그리스도께서 죄인들에게 베푸신 무한한 동정심이 '단순한 묵인이 아닌

---

12. Sir John Robert Seeley, *Ecce Homo: A Survey of the Life and Work of Jesus Christ* (Boston: Robert Brothers, 1880), chap. 21, "The Law of Resentment."

진정한 긍휼이 될 수 있었던' 이유는 바로 그분의 분노 때문이었다. 물론, 이런 분석이 완전한 것은 아니지만, 상당히 유익한 일깨움을 전하는 것은 분명해 보인다. 예수님의 분노는 단지 그분이 지니신 긍휼의 부정적인 측면이 아니라 악의 현실 앞에서 그분이 느끼신 도덕적 의식에서 비롯한 의로운 반응에 해당한다. 예수님은 세상에 머무는 동안, 세상의 불행을 목격하고 무한한 연민을 느끼셨을 뿐 아니라 악의 현실에 직면할 때마다 여지없이 분노를 드러내셨다. 그분의 긍휼은 바로 이 두 가지 감정에서 흘러나왔다.

III

우리는 주님을 '슬픔의 사람'으로 일컫는다(사 53:3 참조. 〈한글 개역개정역 성경〉은 '질고를 아는 자'로 번역했다—역자주). 이 명칭은 사람들의 죄를 대신 짊어지고 많은 사람을 위해 자기를 대속물로 내어주기 위해 세상에 온 사람을 가리키는 용어로는 매우 적절해 보인다. 그러나 이것은 신약성경의 그리스도에게 적용되는 명칭이 아니다. 심지어는 이사야서에서도 여호와의 의로운 종이 느끼는 주관적인 고통이 아닌 그의 객관적인 고난을 가리키는 의미로 사용되었을 수 있다. 우리 주님은 죄와 죽음의 권세 아래 짓밟히기 위해서가 아니라 그것을 깨부수기 위해 세상에 오셨다. 그분은 곧 거두게 될 승리의 기쁨을 마음속에 품고서 정복자로 세상에 오셨다. 주님은 자기 앞에 있는 기쁨 때문에 부끄러움을 개의치 않고 십자가를 감당할 수 있으셨다(히 12:2). 그분은 의심을 품고 자신의 사역을 행하지도 않았고, 사역의 방식을 탐탁하지 않게 여겨 주저하지도 않으셨다. 그분은 오히려 많은 사람을 영광으로 인도하는 하나님의 방식을 생각하며 "성령으로 기뻐하셨다"(눅 10:21). 이것은 넘치는 기쁨(마음을 가득 채우는 기쁨)의 개념이 내포된 강한 의미를 지닌 용어다. 성령의 역사로 인해 이 기쁨이 그리스도 안에, 곧 그분의 인성 안에 가득 넘쳤다. 성령께서 그리스도의 영혼 안에서 항상 역사하며, 그것을 지탱하고, 굳세게 하셨다. 따라서 그리스도께서 어떤 특별한 경우에만 예외적으로 슬픈 마음으로 자신의 지상 사역을 감당하셨다고 생각해서는 안 된다. 그분의 강림은 "큰 기쁨의 좋은 소식"(눅 2:10)으로 선포되었고, 그분이 전하신 소식은 더할 나위 없이 "좋은 소식"이었다. 혹시나 예수님이 '슬픈 기색'

을 한 채로 좋은 소식을 전하며 다니셨다고 생각하고(마 6:16 참조), 제레미 테일러처럼 "예수님이 성령으로 기뻐하셨다는 딱 한 차례의 말씀을 제외하고는 그분이 웃으셨다고 말씀하는 성경 구절은 어디에도 없다."라고 말한다면 큰 오산일 것이다.[13] 오히려 예수님은 세례 요한과는 대조적으로 "먹고 마시기를" 좋아했고, 그로 인해 "먹기를 탐하고 포도주를 즐기는 사람이요 세리와 죄인의 친구로다"라는 비난을 들으셔야 했다(마 11:19, 눅 7:34). 이런 사실을 고려하면, 예수님이 습관적으로 슬픈 태도를 보이셨다고 생각하기는 어렵다.

르낭은 참으로 감상적이고, 경박하고, 저급하게도 마치 예수님의 근본적인 성향이 '생기 넘치

---

13. Jeremy Taylor, *The Whole Works of Jeremy Taylor*, vol. 2, ed. Reginald Heber (London, 1828), 67.

는 생각과 친절한 농담으로 끊임없이 자기를 표현하기를 좋아하는' 일종의 '애교 있는 쾌활함'과 같은 것인 양, 그분이 자신의 구원 사역을 통해 느끼셨던 기쁨(요 15:11, 17:13)을 이교적인 경솔함과 삶의 즐거움으로 변질시켰다. 그는 예수님이 흥청대며 놀기를 좋아하고, 가는 곳마다 잔치를 즐기며, 이 집 저 집에 '기쁨과 축복을 전하며' 인사를 나누기를 즐기는 사람처럼 팔레스타인을 돌아다니셨다고 주장하면서 이렇게 말했다. "여자들과 어린아이들이 그분을 흠모했다." 예수님과 더불어 세상의 유아기가 되돌아와 "그 신성한 자연스러움과 아이처럼 순진무구한 기쁨"이 되살아났다. 그분이 가볍게 어루만지자 세상의 힘든 상황이 순식간에 사라졌고, 머지않아 낙원이 임할 것이라는 환상, 곧 "자신들이 지금 누리고 있는 매혹적인 삶이 영원히 계속될 즐거운 낙원"이 임박했다는 꿈이 사람들을 사로잡았다. 르낭은 "그렇다면 그런 환각 상태는 얼마나 지속되었을까?"라고 묻고는 이렇게 대답했다.

> 우리는 알 수 없다. 그런 마법적인 허상이 지속되는 동안, 시간은 측정되지 않았다. 지속 기간은 결국 중단되었고, 한 주간이 마치 한 세기가 흐른 것처럼 느껴졌을 것이다. 그러나 그 기간이 몇 년이었든, 아니면 몇 달이었든 그 꿈은 너무나도 아름다웠기 때문에 인류는 그 후로도 계속해서 그것을 꿈꾸며 살아왔다. 우리는 지금도 여전히 사라져가는 그 향기를 맡는 것을 위안으로 삼는다. 인간의 마음이 그토록 큰 기쁨에 사로잡힌 적은 일찍이 없었다. 인간의 마음은 잠시나마 이 가장 활기찬 시도를 통해 자기가 머무는 세상 위로 자신을 끌어올렸다. 인류는 자신을 땅에 붙들어 맨

육중한 무게와 이곳 세상에 있는 삶의 슬픔을 잊었다. 자신의 눈으로 이 신성한 개화기를 목격하고, 이 비할 데 없이 탁월한 환상을 단 하루만이라도 공유할 수 있었던 사람은 행복하다.[14]

그러나 (요즘 흔히 말하는 식으로) "십자가의 어두운 그림자가 주님의 길에 드리워지기 전에는" 벅찬 기쁨을 불러일으킨 위대한 희망이 결코 이루어질 수 없었다는 것을 생각하면, 위와 같은 말이 얼마나 잘못되었는지를 분명하게 알 수 있다. 사람들을 자기편으로 만들어 이 부패한 세상에 하나님의 나라를 건설하려는 희망은 단지 좋은 소식을 선포하는 것만으로는 이루어질 수 없었다. 예수님은 그런 어리석은 환상에 사로잡히지 않으셨다. 그분은 잃

---

14. Ernest Renan, *Vie de Jesus*, 2nd ed. (Paris, 1863), 188-94.

어버린 자들에게 긍휼을 베풀고, 많은 사람을 위해 자기 목숨을 대속물로 주기 위해 세상에 오셨다(눅 19:10, 막 10:45, 마 20:28). 그분은 처음부터 고난의 길을 꿋꿋하게 걸어가셨다(마 4:3-11, 눅 4:3-15). 그분은 자신이 죽음을 향해 곧장 나아가고 있다는 것을 아셨다(요 2:19, 3:14, 마 12:40, 9:15, 눅 5:34, 12:49, 50, 막 2:1-9 참조). 그분은 기뻐하셨지만, 그것은 이교적인 삶의 즐거움이나 실패로 끝나게 될 꿈에 대한 망상적인 기쁨이 아니라 사로잡힌 자들을 자유롭게 하는 정복자의 깊은 환희였다. 주님의 고난의 기저에는 이 기쁨이 있었다. 이 기쁨의 빛이 주님이 찢긴 발로 걸어가신 가시밭길을 환하게 비추었다. 그러나 그분의 슬픔과 마찬가지로 이 기쁨에 대해서도 성경은 거의 아무 말도 하지 않는다. 성경의 이야기들은 주인공의 위대한 사역을 전하면서도 그의 심리 상태를 상세하게 묘사하지 않는다. 우리는 단지 주님의 삶 전체가 기쁨으로 빛났고, 그 저변에 기쁨이 존재했다는 것을 아는 것만으로 충분하다 (눅 4:21, 요 15:11, 17:13). 설혹 주님이 '슬픔의 사람'이었더라도 실상을 알고 보면 '기쁨의 사람'이셨던 것을 알 수 있다.

사교 활동의 과정에서 간간이 주어지는 적절한 자극에 대한 반응으로 인해 마음속에서 스쳐 지나가듯 일어나는 가볍고, 유쾌한 감정의 경우도 예수님과 관련해서는 거의 아무런 언급이 없기는 마찬가지다. 그분이 웃었다는 기록은 어디에도 없다. 심지어는 그분이 미소를 지으셨다는 기록조차도 없다. 그분이 기뻐하셨다는 말도 단 한 번밖에 언급되지 않았다. 예수님과 관련되어 언급된 기쁨은 넘치는 즐거움이 아닌 침착한 만족감에 더 가깝다. 물론, 그분이 일시적으로 느끼신 슬픔에 관한 언급도 그렇게 많지 않다. 앞서 말한 대로, 주님은 나사로의 무덤 앞에서 마리아와 그녀의 동료들이 슬피 우는 것을 보고 영혼이 동요되어 눈물을 흘리셨고(요 11:35), 예루살렘의 강퍅한 불신앙을 보고 큰 소리로 한탄하셨으며(눅 19:41), 인간의 고통을 보고 한숨을 내쉬었고(막 7:34), 인간의 완고한 불신앙을 보고 깊이 탄식하셨으며(막 8:12), 인간에 대한 인간의 몰인정한 태도에 마음 아파하셨지만(막 3:5), 자신이 느낀 정신적 고통을 가장 적나라하게 드러냈던 적은 오직 자기가 감당해야 할 가장 큰 희생을 생각하셨을 때뿐이었다. 이 지고한 희생이 그 앞에 그림자를 드리웠기 때문에 주님은 사역을 한창 행하던 도중에 "나의 받을 세례가 있으니 그것이 이루어지기까지 나의 답답함이 어떠하겠느냐"(눅 12:50)라고 부르짖으셨다. 주님을 잠기게 할 홍수가 그분에게로 몰려오고 있었다. 그 물 밑을 지나가야 한다는 생각이 주님의 영혼을 답답하게 만들었다.

'답답하다'로 번역된 용어는 압제와 고통의 의미를 지닌다. 이것은 주님이 살면서 늘 예상했던 고뇌의 짐이 얼마나 무거운 것이었는지를 여실히 보여준다. 주님은 자신이 겪어야 할 고난을 생각하면 항상 겟세마네에서와 같은 고뇌를 느끼셨다. 요한복음 12장 27절에는 예수님이 겟세마네의 고뇌를 불과 며칠 앞두고 하신 말씀이 기록되어 있다. 그 말씀을 읽어보면, 십자가의 고난을 미리 맛보는 데서 비롯한 고뇌가 얼마나 컸는지를 익히 짐작할 수 있다. 주님은 "지금 내 마음이 괴로우니"라고 부르짖으며, 곧 닥칠 죽음을 피하고 싶은 마음을 솔직하게 고백하셨다. 그분은 성부 하나님의 뜻에 복종하는 습관, 즉 그분의 뜻을 기꺼이 따르려는 마음을 지니고 있었지만, 이때만큼은 마지못한 투로 "무슨 말을 하리요 아버지여 나를 구원하여 이 때를 면하게 하여 주옵소서 그러나 내가 이를 위하여 이 때에 왔나이다"라고 말씀하셨다. 예수님은 죽기 위해 세상에 오셨지만, 자기가 감당해야 할 죽음을 생생하게 의식하는 순간 그분의 영혼 안에서는 죽음을 피하려는 갈망이 강렬하게 솟구쳤다가 즉시 잦아들었다. 이런 예리한 갈등을 느끼는 심리 상태는 '동요, 불안, 당혹감'과 같은 의미를 지닌 용어로 잘 묘사될 수 있다. 요한은 예수님이 느끼셨던 영혼의 동요를 세 차례 언급했다(11:33, 12:27, 13:21). 그 세 차례 모두 죽음과의 갈등으로 인해 주님 안에서 촉발되었던 감정과 관련되었다. 예수님은 (나사로의) 죽음으로 인해 마리아와 그녀의 동료들이 고통스러워하는 모습을 보고 분노하셨을 때(11:33), 자기가 배신을 당해 죽을 것을 미리 아셨을 때(13:21), 자신의 죽음이 확실하게 다가오고 있다는 것을 의식하셨을 때(12:27) 내적으로 깊은 고뇌를 느끼셨다. 주님은 자신의 죽음을 생각했을 때만이 아니라(12:27, 13:21) 죽음이 다른 사람들에게 미치는 영향을 통렬하게 의식했을 때도(11:33) 똑같이 마음의 동요를 느끼셨다. 그분이 깊은 동요를 느낀 이유는 죽음을 경험하는 것을 회피하고 싶은 생각 때문만은 아니었다. 물론, 죽음을 회피하려는 마음은 죽는 것에 대한 두려움이 아닌 죽음이라는 개념 자체에 대한 혐오감에서 비롯된 것일 수 있다. 주님은 죽음의 배후에서 사망의 권세를 쥐고 있는 마귀와 사망의 고통을 초래한 죄를 보셨다. 주님의 존재 전체가 가장 처참하고, 궁극적인 그런 굴욕에 강력하게 반발했다. 악의 권세는 죽음을 통해 그분에게 인간의 죄에 대한 응당한 형벌을 가할 예정이었다. 죽음 앞에 머리를 숙이는 것이 마지막 굴욕, 곧 종의 형체로 나타나신 주님이 감당하셔야 할 가장 어려운 복종의 행위였다. 이런 이유로 성경은 의미심장한 어조로 그분이 "죽기까지" 복종하셨다고 강조했다(빌 2:8).

주님은 사는 동안 내내 죽음과 그것이 의미하는 모든 것에 대해 강한 혐오감을 느끼셨기 때문에 생애 마지막에는 그 혐오감이 특별히 더 강렬할 수밖에 없었다. 멀리서 고난을 내다보는 것만으로도 항상 겟세마네와 같은 고통을 느끼셨던 주님은 실제로 죽음을 눈앞에 둔 상태에서는 더 없이 '끔찍하고, 두려운 고통'을 느끼지 않을 수 없으셨다. 칼빈은 겟세마네에서의 고통을 '지옥의 고통을 알리는 서막(exordium)'으로 일컫기를 주저하지 않았다.[15] 마태와 마가는 가능한 표현을 거의 모두 동원해 이 두려운 경험을 통해 주님이 느끼신 고통을 묘사하려고 시도했다(누가복음 22장 44절은 이를 '고뇌'로 일컬었다. 〈킹 제임스 성경〉 참조―역자주). 그 '고뇌' 안에는 죽

---

15. John Calvin, *Institutes of the Christian Religion*, 2.16.12.

음을 선뜻 받아들이기를 싫어하는 고통스러운 심정이 내포되어 있었다. 마태와 마가는 그런 심정을 묘사하려고 시도했다. 복음서 저자들 가운데 실망감이 뒤섞인 혐오감과 반감을 뜻하는 용어를 사용해 주님의 감정을 묘사한 사람은 이 둘 뿐이었다. 이 용어는 마태복음에서 슬픔을 뜻하는 일반적인 용어와 밀접하게 연관되어 있지만, 여기에서는 고통과 괴로움의 의미가 두드러져 나타나기 때문에 마태복음의 구절을 "고민하고 슬퍼하사"라고 번역할 수도 있다(마 26:37). 마가는 심적 고통을 나타내는 이 일반적인 용어 대신에 좀 더 한정적인 용어를 사용해 고통을 당혹스러움으로 묘사했다. 즉 그는 "심히 놀라시며 슬퍼하사"라는 문구를 사용해 두려움보다는 놀라며 실망스러워하는 심정을 표현했다(막 14:33). 아울러, 두 곳 모두에서 "내 마음이 심히 고민하여 죽게 되었으니"라는 주님의 애

처로운 말씀이 발견된다. 이것은 슬픔, 좀 더 정확하게는 도저히 피할 길이 없는 정신적 고통과 사방에서 옥죄어 오는 괴로움을 나타내는 핵심 용어다. 다시 말해, 이 용어는 사방에서 밀려드는 고통이 극도로 심한 나머지 오직 죽음 외에는 다른 어떤 것도 생각할 수 없게 만드는 고뇌를 의미한다. 사방에서 에워싸며 밀려들어 오는 고통은 방어할 여지를 남기지 않았다. 누가는 "주님이 더욱 간절하게 기도하실 때에 땀이 땅에 떨어지는 핏방울처럼 되었다"라는 표현을 사용해 이런 극심한 고통을 묘사했다. 벵겔이 잘 표현한 대로,[16] 그 순간에 죽음에 대한 두려움과 복종하려는 열의가 서로 충돌했다(눅 22:44). 누가는 또한 예수님이 심한 갈등

---

16. Johann Bengel, *The Critical En glish Testament, vol. 1, The Gospels*, ed. W. L. Blackley and James Hawes (London: Daldy, Isbister, 1876), 651.

을 느끼실 때 천사가 힘을 북돋워 주었다고 말한다. 아마도 초자연적인 도움이 은혜로 주어지지 않았다면(요 12:27, 28 참조), 그 순간에 모든 것이 결딴나고 말았을 것이다. 그러나 고난의 잔은 찌꺼기까지 남김없이 들이켜야 했다. 그 마지막 한 방울은 버림을 받아 황폐해진 상태로 "나의 하나님, 나의 하나님, 어찌하여 나를 버리셨나이까"(마 27:46, 막 15:34)라는 외마디 외침을 토해냈을 때 비로소 비워졌다. 이 절정에 달한 슬픔은 사실상 죽음으로 이어졌다.

우리 주님은 그런 절정의 순간에 인간적인 고뇌의 궁극적인 깊이를 헤아렸고, 극심한 정신적 고통을 통해 슬픔의 사람으로 불리기에 합당한 자격이 있음을 입증하셨다. 이런 고통의 범위는 놀라움과 절망감을 불러일으킨 경악스러움에서부터 절망에 가까운 실망감과 철저한 고독감에 이르기까지 온갖 고통스러운 감정을 모두 포괄할 만큼 넓었다. 이런 정신적인 고통에 비하면 십자가로 인한 육체적인 고통은 그다지 커 보이지 않는다. 우리 주님은 비록 십자가에서 숨을 거두셨지만, 십자가 때문이 아닌 상심한 마음, 곧 정신적 고통으로 인한 중압감 때문에 죽으셨다고 말해야 정확할 듯하다. 주님의 영혼이 감정적인 움직임에 예민하게 반응했던 사실과 그분의 존재를 관통하는 감정적인 흐름의 깊이가 선명하게 드러났다. 그러나 그로 인해 그분의 마음이 찢기고, 마침내 그분의 전율하는 영혼과 흙으로 이루어진 육체를 하나로 결합한 끈이 끊어졌지만, 침착한 생각에서 비롯한 판단력이나 성부 하나님에 대한 완전한 신뢰가 흔들리거나 깨지는 일은 결코 일어나지 않았다. 예수님은 고뇌 속에서 죽음을 피할 수 있게 해주시길 부르짖어 구했지만, 그분의 부르짖음은 항상 자신이 항상 전적으로 신뢰하는 아버지를 향한 어린 자녀의 부르짖음과 같았다. 주님은 "그러나 내 원대로 마시옵고 아버지의 원대로 되기를 원하나이다"(눅 22:42)라고 말씀하셨다. 주님의 영혼은 극심한 고독감에 사로잡혔지만, 자신의 영혼을 자신 있게 성부의 손에 맡기셨다(눅 23:46). 예수님은 그 모든 고통을 느끼면서도 제자들, 원수들, 자기를 심판한 재판관들, 자기를 처형한 사람들을 대할 때 조금도 자제력을 잃지 않고, 침착한 태도를 유지하셨다. 그분의 입술에 닿은 고난의 잔은 참으로 씁쓸했다. 그분은 그 씁쓸한 잔을 한 방울도 남기지 않고 들이키셨다. 그분은 그렇게 하는 것이 성부 하나님의 뜻이었기 때문에 기꺼이 자신의 의지로 자신의 잔을 들이키셨다. "아버지께서 주신 잔을 내가 마시지 아니하겠느냐"(요 18:11)라는 말씀을 통해 분명하게 알 수 있는 대로, 주님은 불가피한 악에 억지로 복종한 것이 아니라 온당한 목적을 이루기 위해 말로 형용하기 어려운 고통을 자발적으로 감당하셨다. 그분은 자신의 모든 고난을 피하지 않고 기꺼이 받아들이셨다. 그분의 행동은 그분 자신의 열정에서 비롯했다. 주님은 자신의 목숨을 버릴 권세가 있으셨다. 그분은 그 권세로 자기 목숨을 내주었고, 목숨을 내어주기까지 고난의 길을 기꺼이 걸어가셨다. 그분은 상황에 무기력하게 끌려 가거나 어쩔 수 없이 고난을 받아들이지 않으셨다. 그분은 언제 어디서나 상황을 온전하게 통제하셨다.

　예수님은 극심한 '고뇌'를 느끼면서도 "그러나 내 원대로 마시옵고 아버지의 원대로 되기를 원하나이다"라고 말씀하셨고, 십자가에서 죽어가면서도 "내 영혼을 아버지 손에 부탁하나이다"라고 말씀하셨다. 그런 사례들을 통해 알 수 있는 대로, 그분은 하나님에 대해 온전하고, 무조건적인 신뢰를 드러내셨다. 그런 신뢰의 태도가 복음서의 이야기 곳곳에서 발견된다. 그러나 신뢰라는 말이 그분에게 명시적으로 적용된 경우는 한 번도 없었다. 예수님이 십자가에 못 박히셨을 때 그분을 조롱하며 비웃었던 사람들이 했던 말, 곧 "그가 하나님을 신뢰하니 하나님이 원하시면 이제 그를 구원하실지라"(마 27:43)라는 말을 제외하면, 예수님과 하나님과의 관계와 관련해 '신뢰'라는 용어가 사용된 경우는 어디에도 없다. 이는 '믿음'이라는 용어도 마찬가지다. 예수님이 하나님 안에서 살고, 기동하고, 존재하신 것은 분명할 사실이지만, 우리가 근본적인 종교적 감정으로 일컫는 것들 가운데도 그분에게 직접 적용된 것을 찾아보기는 매우 어렵다. 예를 들어, 예수님이 하나님을 의존하는 깊은 감정을 느끼셨다는 사실은 생각할 수 있는 모든 방식을 통해 구체적으로 입증할 수 있다. 특히 복음서 저자들은 예수님이 기도하는 습관을 일관되게 유지하셨다고 증언했다. 그러나 예수님이 하나님을 의존하는 감정이나 그분을 경외하는 마음이나 하나님의 임재 앞에서 공경심과 외경심을 느끼셨다고 직접 언급한 내용은 어디에서도 발견되지 않는다. 예수님이 하나님께 감사를 드린 일은 여러 번 언급되었지만, 그분이 감사의 감정을 느끼셨다는 내용은 단 한 번도 언급되지 않았다. 복음서의 이야기들은 예수님을 모든 형태의 종교적 감정에 이끌려 행동하신 분으로 제시할 뿐, 그런 감정들 자체를 직접 설명하지는 않는다.

이 점은 인간의 삶과 관련된 좀 더 평범한 감정들의 경우도 마찬가지였다. 복음서의 이야기는 전체적으로 객관적인 방식을 따라 전개되었다. 예수님이 어떤 것을 보고 특별히 '놀라움'의 감정을 느끼셨다고 진술한 내용은 두 차례에 국한되었다(마

8:10, 눅 7:9, 막 6:6). 예수님이 '갈망'을 느끼셨다고 언급한 내용도 한 차례뿐이다(눅 22:15). 그분은 제자들과 마지막 유월절 만찬을 먹기를 간절히 바라셨다. 이 용어가 예수님이 느끼신 감정을 강조하기 위해 사용되었다. 이밖에도 예수님은 사람들이 자기를 '부끄러워하는' 것에 대해 한 차례 말씀하신 적이 있지만, 그것은 수치심이라는 감정 자체보다는 그 감정과 일치하는 행동 양식을 가리키는 의미를 지녔다(막 8:38, 눅 9:26). 이런 몇 가지 암시적인 사례들을 제외하고는 인간의 영혼에서 일었다가 가라앉는 다양한 감정들 가운데 우리 주님에게 명시적으로 적용된 감정은 아무것도 없었다. 이처럼, 성경을 읽는 독자가 예수님의 삶의 경험을 생생하게 진술한 이야기들을 통해 그 모든 감정을 엿볼 수는 있지만, 그것들이 그분 자신에게 직접 적용된 경우는 없었다.

지금까지 복음서에서 우리 주님에게 명시적으로 적용된 특별한 감정들을 자세하게 살펴보았다. 그런 감정들은 복음서의 이야기 속에서 간간이 언급되었다. 주님이 가장 분명하게 드러낸 감정들만 기록으로 남았다. 그런 기록 방식은 언급된 그분의 감정들에 특별한 설득력과 생동감과 온전성을 부여하는 효과를 가져왔다. 이런 사실은 덕스러운 행위를 '무감정한' 행위로 생각하려는 경향을 좇아 개진된 개념, 곧 감정들이 우리가 경험하는 바와 같이 예수님 안에서 온전하게 진행되지 않고, 어느 시점에 이르러서는 작동을 멈추고 품격 있는 행위로 이어지지 못했다는 식의 생각을 단호하게 논박할 뿐 아니라 주님의 인성에 관한 참된 현실과 진실을 생생하게 일깨워준다. 우리에게는 가장 중요한 것들만 주어진 것이 분명하다. 그러나 성경에 기록되지 않은 다양한 감정들을 채워 넣어 정신적으로 전체적인 그림을 완성하는 것은 그렇게 어렵지 않다. 그 이유는 그런 감정들이 이례적이라고 할 만큼 특별한 것이 아니기 때문이다. 예수님도 우리가 일상 속에서 다른 사람들과 관계를 맺으면서 느끼는 자극에 반응하는 것처럼 반응하셨다. 그분의 반응도 우리가 경험으로 익숙하게 알고 있는 감정들의 특징을 모두 갖추고 있었다.

주님의 감정도 우리의 감정과 마찬가지로 육체적인 반응을 통해 나타났다. 그분은 허기와 갈증과 피로를 느꼈고(마 4:2, 요 19:28, 4:6), 육체적인 고통과 즐거움을 모두 알고 있었으며, 자신의 영혼을 자극하는 감정을 육체적으로 표현하셨다. 그런 감정들이 관찰되어 기록된 상황들을 살펴보면, 이를 분명하게 알 수 있다. 육체적인 감정의 표현이 자주 명백하게 드러났다. 예를 들어, 예수님은 눈물을 흘리며 울었고(요 11:35, 눅 19:41), 깊이 탄식했으며(마 7:34, 8:12), 분노를 터뜨리며 노했고(막 3:5, 10:14), 엄히 꾸짖었으며(막 3:12), 크게 격분했고(요 11:33, 38), 감정에 북받쳐 슬픔을 주체하지 못했으며(요 11:35), 기쁨의 감정을 거리낌 없이 드러냈고(눅 10:21), 버림을 당하는 순간에는 큰 소리로 고통스럽게 울부짖으셨다(마 27:46). 이런 사실들은 예수님이 우리와 똑같은 인간이셨다는 강한 인상을 심어주기에 조금도 부족하지 않다.

이런 인상을 통해 알 수 있는 것은 주님이 개성은 물론, 감수성까지 갖춘 독특한 인간으로서 자신의 감정을 드러내셨다는 사실이다. 때로는 하나님의 아들이 성육신을 통해 특정한 인성이 아닌 일반적인 인성, 곧 한 사람의 개인 안에서 발견되는 인간의 본성이 아닌 모든 사람에게 적용되는 보편적인 인간의 본성을 지녔다는 주장이 제기되기도 한다. 이런 주장이 나타내고자 하는 개념은 그렇게 확실하지가 못하다. 그것은 이른바 '보편자'의 '실제적인' 존재라는 인정받지 못하는 허구의 잔해에 지나지 않는 것처럼 보인다. 복음서의 이야기들을 토대로 주님의 감정생활을 살펴보면 그런 개념은 전혀 성립될 수 없다. 복음서의 이야기들은 예수님이 특정한 기질에 따라 행동하는 독특한 개성의 소유자이셨다는 인상을 강하게 풍긴다. 아무튼, 주님의 인성이 '보편적이든' '개별적이든' 복음서 저자들의 증언에 따르면, 주님이 육체로 세상에 계시는 동안에 마치 개별적인 것처럼 작용했다는 사실이 분명하게 드러난다. 따라서 우리도 주님이 지니신 인간의 본성이 우리가 익히 알고 있는 기능을 지닌 인간의 본성이었다고 선언해야 마땅할 것이다.

그러나 이런 일반적인 결론에 도달했다고 해도 주님이 드러내신 개성의 특징을 정확하게 파악할 수 있는 것은 아니다. 주님은 한때 "나는 마음이 온

유하고 겸손하니"라는 말씀으로 다른 인간들과 분명하게 대조되는 자신의 인격적 특성을 짧게 요약하셨다. 주님의 삶의 태도 가운데서 지극히 뛰어난 겸손의 태도보다 그분을 따랐던 제자들의 의식 속에 더 깊은 인상을 심어준 것은 없었다. 그들은 "그리스도의 온유와 관용으로" 신앙고백에 충실한 삶을 살자고 서로를 격려했다(고후 10:1). 그들은 "그리스도의 인내"를 "하나님의 사랑"에 들어가는 데 적합한 축복으로 여겨 서로를 위해 기도했고(살후 3:5), 부당한 잔혹 행위를 온유하게 받아들인 그리스도를 본받아 박해를 견디라고 서로를 격려했다. "그리스도도 너희를 위하여 고난을 받으사 너희에게 본을 끼쳐 그 자취를 따라오게 하려 하셨느니라 그는 죄를 범하지 아니하시고 그 입에 거짓도 없으시며 욕을 당하시되 맞대어 욕하지 아니하시고 고난을 당하시되 위협하지 아니하시고 오직

공의로 심판하시는 이에게 부탁하시며"(벧전 2:21). 그러나 겸손을 주님의 특별한 자질로 여겨 거기에만 초점을 맞춰 그것과 모순되는 것처럼 보이는 그분의 다른 자질들을 모호하게 만들어서는 곤란하다. 특히 그것이 다른 사람들의 자질이 되어 나타날 때 흔히 동반되기 쉬운 '결함들'을 지녔다고 생각해서는 더더욱 곤란하다. 주님의 온유하심은 무기력한 태도로 악을 받아들이는 것이 아니라 악의 현실을 강인하게 감내하는 것을 의미한다. 다시 말해, 그것은 자기를 주장하기를 싫어하는 타고난 성격적 특징이 아니라 강한 사람이 목적을 이루기 위해 자발적으로 취하는 복종의 태도를 가리킨다. 주님은 정신적 흥분감이 억제하기 어려울 정도로 증폭되어 분노를 터뜨린 것이 아니라 완전한 정신적 균형을 이룬 상태에서 어느 한쪽으로 치우치지 않고 모든 악한 것들에 대해 타오르는 분노를 표출하셨다. 한 마디로, 주님은 자기의 일이 아닌 다른 사람들의 일을 생각하는 분이셨다(빌 2:4 참조). 그분의 분노는 기질적 특성이 아닌 '사명 의식'의 발로였다. 우리는 다른 사람들의 기질을 규정하는 식으로 주님의 성격상의 특성이나 감정적인 특성을 규명함으로써 그분의 기질을 규정할 수 없다. 주님은 특이한 기질적 특성을 지니고 있지 않으셨다. 그리고 그분의 인성은 특별하게 다르지 않고, 일반적이었다고 말할 수 있을 것이다. 그분이 지니신 개성적인 특징이 있다면, 그것은 곧 조화로운 완전성이었다. 인간적인 것은 그 어떤 것도 그분에게 생경한 것이 없었다고 말할 수 있을 것이다. 다만 그분 안에는 인간적인 모든 것이 완벽한 균형과 비율을 이루고 있었다.

복음서의 이야기에서 주님에게 적용된 일련의 감정들은 그 다양성과 복잡하지만 조화로운 상관 관계를 통해 그분의 개성이 지닌 균형적인 포괄성을 예시하고 있다. 그것들은 다양하지만 서로를 방해하지 않는다. 긍휼과 분노가 그분의 영혼 안에서 함께 나타나고, 기쁨과 슬픔이 그분의 마음속에서 함께 만나고, 서로 입 맞춘다. 그런 감정들은 아주 강했지만(단순한 기쁨이 아닌 환희, 단순한 짜증이 아닌 격한 분노, 일시적인 연민이 아닌 깊은 동정심과 사랑, 피상적인 고통이 아닌 죽음에까지 이르는 극한 슬픔), 그분을 지배하지 못했다. 이런 점에서 주님은 인간적인 감정을 취했지만 그것을 무절제하게 드러내지 않고, 심지어는 감정을 드러내는 순간에도 성부 하나님의 뜻에 자기를 기꺼이 복종시키셨다는 칼빈의 말은 매우 지당하다. 칼빈은 "간단히 말해, 그분의 감정과 우리의 감정을 비교하면, 잔잔하게 흐르는 맑고 순수한 물과 더러운 거품을 일으키는 흙탕물이 서로 다른 것만큼이나 다르다는 것을 분명하게 알 수 있다."

라고 덧붙였다.[17] 물론, 이런 비유적인 언사는 다소 지나친 면이 있을 수 있다. 그러나 칼빈은 주님의 감정적인 반응의 실제성이나 그 강도를 의심하게 만들려는 의도가 전혀 없었다. 그는 심지어 아우구스티누스조차도 자유롭지 못했던 잘못된 경향(곧 주님의 감정생활을 단순한 보여주기로 축소하려는 경향)에서 확실하게 돌이켜 성경처럼 단순명료하게 "성자께서는 우리의 육신을 덧입었을 뿐 아니라 자발적으로 인간의 감정을 취함으로써 죄를 제외하고는 자신의 형제들과 조금도 다르지 않게 되셨다."라고 말했다. 그는 그리스도께서 자기를 낮춰 우리의 연약한 감정을 취하기를 부끄러워하지 않으셨기 때문에 우리도 감정을 철저하게 제거해 "스토아학파가 가르친 비인간적인 아파테이아"를 추구하기보

---

17. Calvin, *Commentary* on John 11:35 (1:441).

다는 오히려 "아담의 죄로 인해 모든 감정 속에 침투한 완악함을 정복하고, 옳게 바로잡아" 우리의 지도자이신(그분은 최상의 완전함의 기준이시다) 그리스도를 본받아 과도한 감정을 억제하려고 노력해야 마땅하다고 강조했다. 아울러, 그는 그렇게 말하고 나서 그리스도께서 "우리가 감정 안에 존재하는 그릇된 요소들을 자신의 능력으로 모두 극복할 수 있도록" 미리 그런 계획을 염두에 두고 우리의 감정을 취하셨다는 격려의 말을 덧붙였다.[18] 이처럼, 무엇을 하든 늘 경건한 삶을 고무하려고 노력했던 칼빈은 예수님의 감정생활이 단지 그분의 인성을 입증하는 증거가 아닌 하나님의 뜻에 따라 거룩한 삶을 살도록 신자들을 격려하는 자극제라는 점을

---

18. Calvin, *Commentary* on John 11:35 (1:440-42). 이들 페이지에 대한 워필드의 인용구는 원 출처와 정확히 일치하지는 않는다.

힘써 강조했다. 우리는 그리스도를 바라보거나 우러러보는 것으로 만족해서는 안 된다. 우리는 그분의 형상으로 똑같이 변화될 때까지 그분을 본받는 자가 되어야 한다.

물론, 이것이 마지막 단계는 아니었다. 칼빈도 이 점을 알고 있었다. 마지막 단계는 "그가 범사에 형제들과 같이 되심이 마땅하도다 이는 하나님의 일에 자비하고 신실한 대제사장이 되어 백성의 죄를 속량하려 하심이라"(히 2:17)라는 히브리서의 말씀에서 발견된다. 이사야 선지자는 "그는 실로 우리의 질고를 지고"라고 말했다(사 53:4). 복음서 저자 가운데 하나인 마태는 이 일반적인 진술을 특별한 상황에 적용해 "우리의 연약한 것을 친히 담당하시고 병을 짊어지셨도다"라는 형태로 구체화했다(마 8:17). 주님은 온갖 죄악으로 인간의 삶을 저주스럽게 만드는 악으로부터 우리를 구원하기 위해 인간의 삶이 처한 상황에 자기를 복종시키셨다. 따라서 주님이 인간의 감정을 드러내시는 것을 본다는 것은 곧 우리의 구원 과정을 보는 것과 같다. 주님의 인성이 드러날 때마다 우리의 구원의 현실도 함께 드러난다. 주님의 슬픔은 우리의 슬픔을 감당하는 것이었다. 그분은 우리처럼 인간의 삶을 살았기 때문에 우리의 연약함을 영원히 느끼실 수 있다. 히브리서의 표현을 빌리면, 그런 대제사장이 우리처럼 '되셨다.' 우리에게는 그런 대제사장이 필요했다. 예수 그리스도께서는 우리의 필요를 채우는 데 적합한 인성의 특징을 지니셨다. 그분은 죽음의 고난을 맛본 것 때문에 잠시 천사보다 조금 못하게 되셨다(히 2:7, 9). 그러나 "만물이 그를 위하고 또한 그로 말미암은 이가 많은 아들들을 이끌어 영광에 들어가게 하시는 일에 그들의 구원의 창시자를 고난을 통하여 온전하게 하심이 합당하도다"(히 2:10)라는 말씀대로, 그것은 꼭 필요한 일이었다.

주님이 취하신 인간의 육신이 타락한 육신인지 타락하지 않은 육신인지를 논하는 것은 현재의 논의와 아무런 관계가 없다. 주님이 타락하지 않은 인간의 육신을 취하셨다는 것이 올바른 대답일 것이 틀림없다. 주님이 죄 있는 육신이 아닌 "죄 있는 육신의 모양으로" 오셨다는 바울의 말은 공연한 헛소리가 아니다(롬 8:3). 그러나 이 말은 예수님이 취하신 육신이 저주 아래 있지 않았다는 의미는 결코 아니다. "죄를 알지도 못하신 이를 우리를 대신하여 죄로 삼으신 것은"(고후 5:21)이라는 말씀에서 알 수 있는 대로, 이 말은 그분의 육신을 지배했던 저주가 아담이 지은 원죄의 저주가 아닌 자기 백성의 죄로 인한 저주였다는 뜻이다. 심지어 인성을 취하신 상태에서도 저주 아래 있지 않았던 주님이

"우리를 위하여 저주를 받은 바 되셨다"(갈 3:13). 그분이 저주를 받으신 이유는 인간이 되었기 때문이 아니라 자기 백성의 죄를 짊어지셨기 때문이다. 주님이 고난을 받고 죽으신 이유는 그분이 취한 육신 때문이 아니라 그분이 짊어지신 죄 때문이었다. 그분은 여자에게서 났고, 율법 아래에서 나셨다. 그분이 동정녀에게서 나신 이유는 우리의 죄를 짊어지기 위해서였다. 이는 그분이 여자에게서 났기 때문에 죄를 짊어지게 되신 것이 아니라 죄를 짊어지기 위해 여자에게서 나셨다는 뜻이다. 주님이 천사보다 조금 못하게 되신 이유는 죽음의 고난 때문이었다(히 2:9). 따라서 주님의 삶의 경험 속에서 발견되는 감정들 가운데는 인간으로서가 아닌 죄를 짊어진 자로서 그분이 드러내신 감정들이 포함되어 있었다. 이런 사실에 주목하는 것은 우리의 논의와 밀접한 관계가 있다. 죄는 순수한 인성을 지닌 주님의 영혼에 침투하지 못했다. 그분은 단지 자기 백성의 죄로 인해 초래된 저주를 감당하셨을 뿐이다. 예수님의 감정들이 모두 저주 아래 있는 그분의 처지에 영향을 받은 것은 분명한 사실이다. 심지어는 그분의 동정심도 이런 사실로 인해 특별한 특성을 띠게 되었다. 이 점이 히브리서 4장 15절에 기록된 위대한 선언 안에 잘 드러나 있지 않은가? 인간을 괴롭히는 악한 권세에 대한 그분의 분노가 그것의 해로운 작용에 대한 그분의 직접적인 경험을 통해 특별한 특성을 띠게 되었다는 것을 어떻게 의심할 수 있겠는가? 버림을 당하는 극도의 고통을 통해 절정에 달할 죽음을 눈앞에 둔 상태에서 주님이 느끼셨던 극한 슬픔과 두려움이 그분이 감당하신 속죄의 고난의 핵심이요 골자가 아니고 무엇이겠는가? 따라서 복음서 저자들이 묘사한 대로 우리 주님의 감정생활을 살펴보려고 할 때는 단지 그분의 인성을 입증하는 증거나 역사적으로 나타난 가장 완벽한 인간의 삶을 보여주는 본보기만을 찾으려고 할 것이 아니라 구원자이신 주님이 이루신 속죄 사역의 근본 요소들을 생각해 봐야 한다는 점을 잊어서는 안 된다. 주님이 쓰디쓴 찌꺼기까지 남김없이 들이키신 잔은 그분의 잔이 아닌 우리의 잔이었다. 그분이 그것을 들이켰던 이유는 우리의 구원을 간절히 원하셨기 때문이었다.